돈 일단 한

이야기books는
보통의 존재와 일상에 담긴 이야기,
잃어버린 본질과 가치를 일깨워주는 이야기,
삶의 희망과 아름다움의 가치를 깨닫게 하는 이야기를 세상에 선물하고자 합니다.

이야기books

Story Contents

교회 안 목공소, 오경천	10
평화는 거저 오지 않는다, 이동환	36
달려라 커피, 안준호	60
교회야, 그건 구조의 문제야, 오재호	84
지금, 제자로 살아가기, 황정현	108

디제이가 된 전도사, 한진호	132
부목사, 교회를 나오다, 정민재	160
교회와 세상을 잇다, 장부	186
글쓰는 목사, 주원규	210
예수의 경제학, 서정훈	236

이야기를 시작하며
나의 진리 실험 이야기

기억에 남은 책 중의 하나가 있다. 간디의 자서전이다. 그 책이 기억에 남은 이유는 책의 부제가 인상적이었기 때문이다. '나의 진리실험 이야기' 진리를 실험한다고? 당시 신학교를 다니고 있던 나에게 충격적인 표현이었다. 이유인즉, 진리에 대한 의심은 불경스러운 태도라고 가르쳤던 교회 교육의 영향 때문이었다.

신학의 여정이 깊어질수록 믿음과 회의는 동전의 양면처럼 붙어 있는 것임을 깨달았다. 신앙은 확신과 의심의 교차 속에서 진일보하는 여정임을 알게 되었다. 그러나 여전히 교회 안에서만 살아가던 나에게 진리는 확실해야만 하는 것이었다. 확실함을 좇는 나에게 책과 연구를 통해 형성된 논리와 개념은 든든한 지원군이었다. 그렇게 세워진 허울 좋은 믿음은 설교와 사역을 통해 표현되었다.

이런 나의 믿음에 균열을 일으킨 사건이 발생했다. 어린 시절부터 전도사 시절까지 몸담고 있었던 교단을 나온 것이다. 목사 안수까지 일 년을 남겨둔 상황이었다. 시작과 함께 순결한 구도자가 되기 위한 나름의 방편도 세웠다. 이중직과 건물 없는 교회를 목회하는 것이었다. 세상에 대한 무지가 용기를 만들어 냈고 살아있는 진리를 찾기 위한 호기스러운 세상으로의 여행이 시작됐다.

결론부터 말하자면, 철저한, 처절한 실패의 연속이었다. 이와 같은 상황 속에서 그토록 확신했던 내 믿음의 바벨탑은 너무나 쉽게 허물어져갔다. 부끄러웠다. 교회 안에서 그토록 설파했던 하나님 나라의 이상은 현실의 문턱도 넘지 못했다. 현실에서 작동되지 않는 신앙의 현주소와 믿음의 민낯을 여실히 직면했다.

다시 간디가 떠올랐다. 발가벗은 나의 믿음은 실험되지 않은 진리였다. 머리와 입으로만 전해지는 반쪽짜리 깨달음이었다. 그렇게 흔들리며 걸어온 시간이 10년을 향해 간다. 다양한 실험과 삶의 정황들을 맞이하고 흘려보냈다. 여전히 나의 진리 실험 이야기는 진행 중이다.

종종 옛 선택을 되짚어본다. 만약, 나의 상황에 문제가 닥치지 않았다면 진리가 실험될 수 있었을까? 이 질문에 대한 나의 대답은 'NO'다. 나 역시 한국교회 안에서 회자되는 문제를 직접적으로 만나지 않았다면 평범한 목사로 살아가고 있었을 것이다.

나처럼 본의 아니게 상처와 아픔을 안고 진리 실험을 이어가는 목사들이 늘어나고 있다. 어떤 이는 교회의 교회됨을 위해, 어떤 이는 지속 가능한 목회와 가족의 생계를 위해 노동과 목회를 병행하고 있다. 고된 노동과 낯선 환경에 노출된 이들은 다양한 스트레스를 경험하며 그동안 경험해보지 못했던 교회 밖 풍경에 몸담고 살아간다.

이들은 삶의 자리의 변화와 함께 신학의 변화를 경험한다. 교회라는 세계 안에서 누렸던 명예와 안락함, 존중. 그렇게 형성된 자만과 허영이란 거품을 하나, 둘 거둬내며 새로운 자기 초월을 경험한다. 치열한 삶이 주는 고단함. 교회와 세상의 경계를 오가는 삶이 주는 다양한 질문들을 짊어지고 하루를 견딘다.

책을 통해 그들의 이야기를 담았다. 그들의 이야기는 나의 이야기이기도 하다. 예배당과 세상을 오가며 설교자와 노동자의 경계에서 깨달은 진리 실험 이야기다. 이야기의 중심 주제는 돈, 일, 교회다. 교회 안과 교회 밖을 오가며 경험한 살아있는 이야기다.

성공 사례집이 아니다. 간증집도 아니다. 신학 책도 아니다. 사람 냄새나는 이야기를 담은 책이다. 딱 지금 살아가는 현실의 이야기이자, 살고 싶은 내일의 삶이다. 여전히 보통의 존재로 흔들리며 살아가는 보통 사람들의 이야기, 그러나 특별할 것 없는 보통과 일상의 순간 안에서 하나님 나라를 발견해가는 순례자의 모습을 글로 담았다. 가벼운 마음으로 읽어가지만 한 구절, 한 단어, 한 가지 화두만이라도 가져갈 수 있는 대화의 책이 되길 기대해본다.

2019. 7
어느 여름 작업실에서

오경천

오 목사를 만나기 위해 경기도 일산으로 향했다. 교회 문을 열자, 두 개의 문이 보인다. 하나는 예배당으로 향하는 문, 또 다른 하나는 목공소로 향하는 문이다. 오 목사는 교회 담임자로 부임하면서 교회 공간을 구상했다. 넉넉하지 않은 재정을 극복하고 건실히 목회와 가정을 일궈 나가기 위해선 자립해야 했다. 교인들과 대화하며 교회공간을 새롭게 구상했다. 그렇게 교회 안 목공소가 세워졌다.

조선후기 수운 동학 연구

공간의 의미를 물으며

공간(空間)이란 단어의 뜻이 궁금해졌다. 사전을 뒤적이며 의미를 찾았다. '공간: 아무것도 없는 빈 곳' 공간에 대한 개념이 전복되는 순간이다. 망치로 한 대 얻어맞은 느낌이다. 나에게 공간은 소유와 채움에 가까웠다. 아무것도 없는 빈 공간, 빈 자리를 통해 새로운 창조가 일어난다는 의미는 생각하지도 못했다.

공간은 비워진 여백이다. 비움은 또 다른 가능성의 시간이다. 그렇다. 물질이나 물체, 정신과 사상, 문화가 새롭게 창발할 수 있는 창조의 장소다. 공간의 공간다움은 새로운 상상력을 자극하고 마음을 정화하며 자신을 이해하고 표현할 수 있는 역할로 존재할 때다. 나에게 이런 영향을 주는 공간은 어디인가?

교회라는 공간을 생각해본다. 오늘날 교회는 우리에게 어떤 영향을 주는 공간인가? 더 많은 것을 채우며 욕망을 자극하는 공간인가? 새로운 물음을 던지며 위로하고 창조적 삶의 동력을 제공하는 미학적 공간인가?

힘이 있는 공간엔 철학이 존재한다. 설명할 수 없는 아우라

(Aura)가 있다. 아우라의 근원은 자기이해와 표현이다. 화려하고 비싼 재료가 아우라를 결정하지 않는다. 동시대의 유행을 따른 세련된 디자인이 아우라에 주는 영향력은 생각보다 미비하다. 인상에 남는 아우라의 중심에 개성이 있다. 나를 표현하는 매개로의 공간. 자신만의 이야기가 담긴 공간.

자신만의 이야기로 공간을 채워가는 이가 있다. 오경천 목사다. 그는 도시 상가교회 안에 목공소를 세웠다. 대지가 넓은 시골교회에서나 상상할 수 있는 공간구성이다. 전기톱날의 소음, 흩날리는 톱밥, 노동의 열기와 치열함, 곤고함까지. 그 모든 것들이 교회 안 예배당과 공존한다.

오 목사를 만나기 위해 경기도 일산으로 향했다. 교회 문을 열자, 두 개의 문이 보인다. 하나는 예배당으로 향하는 문, 또 다른 하나는 목공소로 향하는 문이다. 오 목사는 교회 담임자로 부임하면서 교회 공간을 구상했다. 넉넉하지 않은 재정을 극복하고 건실히 목회와 가정을 일궈나가기 위해선 자립해야 했다. 교인들과 대화하며 교회공간을 새롭게 구상했다. 그렇게 교회 안 목공소가 세워졌다.

목수예수를 만나다

"부목사로 사역하던 교회 옆에 목공소가 있었습니다. 쉬는 날, 목공소에 가서 틈틈이 목공을 배웠습니다. 그때 당시 목공은 일이 아닌 취미였습니다. 지금은 일이 되었습니다. 일이 되니 목공은 낭만이 아닌 생존의 현실이 되었습니다."

공생애 전 예수의 직업은 목수였다. 그 당시 목수는 지금 우리가 생각하는 것처럼 낭만적인 직업이 아니었다. 일용직 건축 노동자에 가까웠다. 생존을 위해 끝없이 노동해야 하는 사람들이었다. 그들이 가진 재능과 창의성은 권력자들에겐 달콤한 먹잇감이었다. 성전과 왕국을 건설할 땐 최전선에 있었다. 전쟁으로 국가가 멸망하면 포로로 끌려가 자신의 기술과 노동력을 수탈당했다.

예수는 목수로 노동하며 힘없는 이들의 수탈을 목격했다. 고통과 신음 속에 죽어가는 이웃들의 고통을 바라보며 신의 부재를 경험했다. 하루를 살기 위해 끝없이 노동해야만 하는 고된 삶. 한 끼의 배고픔을 해결하기 위해 일하지만 가난에서 벗어날 수 없는 질퍽한 현실 앞에 절망했다. 그렇게 방황하며 광야로 나아

갔다. 신의 뜻과 인생의 의미, 자신의 소명을 찾기 위해.

예수에게 목수란 직업은 낭만의 상징이 아니었다. 치열한 노동의 현실과 살아있음이 고통 그 자체인 이들이 경험하는 고난의 현실이었다. 노동의 치열함과 존재의 비루함, 그럼에도 생명과 삶을 지켜내기 위해 고군분투하는 생존의 전쟁터였다

관념이 현실이 될 때 인식의 각성이 일어난다. 예수가 목수였던 이유를 관념적으로 아는 것과 목수가 되어 삶으로 살아내는 것은 다른 문제다. 오 목사는 생존이라는 현실문제를 해결하기 위해 목수가 되었다. 목수로 살아가니 목수로 살아갔던 예수의 아픔과 고뇌를 새롭게 깨닫는다. 예수의 하나님 나라가 어떻게 시작되었는지, 예수가 꿈꿨던 하나님 나라가 무엇인지 가슴으로 느낀다.

낭만에서 현실로

"목수의 삶은 치열합니다. 새로운 창조를 위한 영감이 필요합니다. 영감을 표현하기 위해 기술력을 쌓아야 합니다. 나무를 자르는 둔탁한 도구들을 들어 올리는 수고와 위험을 감내해야

합니다. 의뢰자들의 반응도 고려해야 합니다. 물론, 다른 직업들도 마찬가지겠지만요."

취미와 일은 다르다. 취미는 낭만과 아름다움이 있다. 반면, 일은 냉정함과 치열함을 요구한다. 이윤창출의 목적을 달성하기 위한 기획과 전략, 실행이 따라와야 한다. 취미는 어디까지나 선택의 영역이다. 일은 의무적인 결과와 성과를 요청한다.

일이 놀이로 다가오기 위한 최소한의 전제는 최소 생계의 보장이다. 문제는 소상공인에게 최소 생계는 보장의 문제가 아닌 스스로 성취해야 하는 확보의 영역이다. 무한경쟁과 승자독식의 자본주의 경제체제 안에서 자본력이 열악한 소상공인들에게 일은 놀이가 되기 힘들다. 자본력을 대체할 노동력과 창조성을 요구받기 때문이다.

목공소를 운영하는 오 목사에게 나무는 더 이상 낭만이 아니다. 현실이다. 생존의 현실, 노동의 현실, 경영의 현실. 끝없는 자기 물음과 싸워야 한다. 의뢰자의 의도를 분석하고 만족감을 줄 수 있는 상품을 만들어내야 한다. 날이 선 톱, 무거운 나무들을 들어 올리는 몸의 수고와 피로를 감내해야 한다. 납품 후 소비자의 반응을 살피며 성공과 실패를 분석해야 한다. 다양한 스트레스에 노출되어 몸과 영혼이 피곤해질 땐 옛 시절로 돌아가고 싶은 생각도 든다. 지금 무엇을 하고 있는지, 잘 살고 있는지 자신에게 묻게 된다.

신앙, 현실에 말을 걸다

> "목사로만 살아갈 때는 신앙적 헌신을 쉽게 생각했고 쉽게 말했습니다. 왜 아는 대로 살지 못하는가? 목수로 살아가며 신앙적 앎이 행동으로 옮겨지지 못하는 순간들을 자주 경험합니다. 거듭되는 신앙의 실패가 신앙에 대한 다양한 질문들과 새로운 깨달음을 만들어내기 시작했습니다."

창세기 1장의 고백처럼, 새로운 창조적 질서(cosmos)는 혼돈(chaos)과 함께 시작된다. 신앙의 성숙도 동일하다. 물음과 회의, 갈등이란 혼돈과 함께 찾아온다. 인식의 각성은 우물 안 개구리의 현실을 인정하고 새로운 세계로 이동하는 모험을 통해 이뤄진다. 오 목사는 삶의 자리의 변화를 통해 관념과 지식에 머물렀던 자신의 신앙에 의문을 갖기 시작했다. 지난날 그토록 확신했던 설교에 대한 부끄러움, 고된 노동의 현실을 통해 드러나는 어두운 영혼의 민낯을 마주했다.

> "교회 안에서 사역만 할 때보다 다양한 스트레스에 노출됩니다. 이런 상황 속에서도 내 시간과 삶에 부끄럽지 않게 살아가는 것이 헌신임을 깨달았습니다. 주어진 노동과 현실에 자족하며 기꺼이 불편한 현실조차도 내 삶으로 인정하는 것이 일상의 예배자로 살아가는 삶의 시작임을 느낍니다."

맹목적 긍정이 아니다. 부조리한 삶에 대한 침묵도 아니다. 정의를 짓밟는 체제에 대한 수용도 아니다. 오 목사가 깨달은 진정한 헌신의 시발점은 삶과 존재, 노동에 대한 끌어안음이었다. 주어진 모든 것들이 내 삶의 일부임을 인정하는 것에서부터 변화는 시작되었다. 일상의 예배자가 되는 길이었다.

목사와 목수의 경계에 서 있는 오 목사에게 가장 어려운 일 중 하나는 단가 계산이다. 의뢰받는 상품의 가치를 얼마로 책정할 것인가? 제작에 필요한 재료와 기타 경비 등은 숫자적으로 접근하면 된다. 그러나 자신의 노동에 대한 가치에 대한 비용의

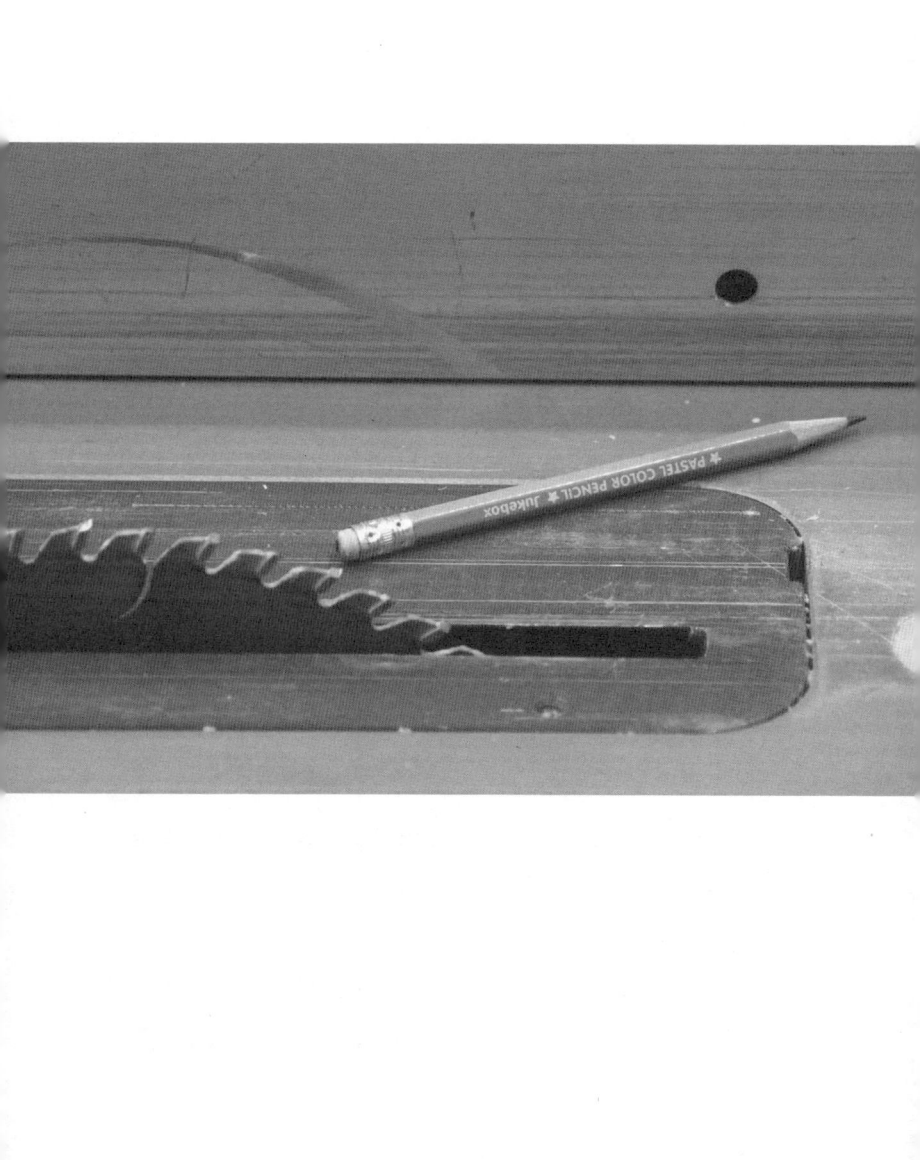

책정은 철저히 개인의 몫이다. 더 받을 수도 있고, 덜 받을 수도 있다.

종종 목사라는 타이틀이 발목을 잡는다. 예수는 경제인이 아니었다. 종말론적 세계관으로 출가한 구도자였다. 소수의 제자들과 방랑 공동체를 이뤄 길 위의 신학을 펼쳤다. 현 한국 사회를 살아가는 개신교 목회자들과는 전혀 다른 상황이었다. 그럼에도 목사는 예수를 따르기로 다짐한 자다. 형태는 다르더라도 삶의 지향은 예수를 따라야 한다. 이런 지점이 오 목사에겐 이상과 현실의 갈등을 마주하는 지점이다. 욕망(desire)과 욕구(needs)가 충돌하며 긴장하는 순간이다.

일상의 예배, 정직한 거래

"가격을 책정할 때 타당한 노동의 대가인지, 욕심에서 비롯된 요구인지 생각해봐야 합니다. 자본의 방식대로 한다면 더 받는 것이 맞는 선택입니다. 그러나 예수 믿는 사람이라면 자신의 욕망을 성찰해야 한다고 생각합니다. 이것이 얼마나 힘든 일인지 몸소 경험하고 있습니다. 저 역시 매 순간 씨름하고 있습니다."

일상의 예배자란 무엇일까? 일상의 자리에서 예배를 드리고 성서를 공부하는 것, 전도지를 나눠주며 교회 출석을 권면하고 일터에서 찬양을 틀어 놓고 자연스레 교회 문화를 전하는 정도로 생각하고 있지 않은가? 그러나 예수가 가르쳐준 회심(메타노이아)과 하나님 나라는 종교제도와 문화에 국한되지 않는다. 하나님 나라의 가치관을 정치, 경제, 사회, 등 다양한 일상의 영역에 적용하며 실천하는 삶이다. 하나, 둘 하나님 나라의 세계관으로 세상을 살아가기 원한다.

오 목사는 일상의 예배자로 살아가는 삶이 얼마나 어려운 삶인지 체험하고 있다. 그럼에도 예수의 가르침을 따르기 위해 노력하고 있다. 그는 이상과 현실의 갈등에서 일상의 예배자로 살아가는 나름의 철학을 세웠다. 경제활동과 일상의 예배자에 대한 오 목사의 생각은 상식적이다. 욕심을 제어하고 자신의 노동가치를 존중하며 정직하게 거래하는 것이다.

> "예수의 가치관을 가지고 일상의 예배자로 살아가는 저의 철학은 '정직한 거래' 입니다. 정당하게 요구하고 정직하게 지불할 수 있는 경제활동이 예수가 원하는 경제활동이라고 생각합니다. 비상식적인 가격을 제시할 때는 정중히 거절합니다. 그러나

어렵고 힘든 이웃들의 요청이라면 돈을 떠나 목공으로 이웃들의 삶을 돕기 위해 노력합니다."

그가 만난 하나님 나라와 예수의 영성은 이미 일상에 존재하고 있었다. 무미건조하게 반복되는 하루의 연속, 탈출구가 보이지 않는 현실의 한계를 마주하며 어디서 신앙의 의미를 찾을 수 있을까? 오 목사는 목수 활동을 통해 찾아오는 희로애락의 순간들을 마주하며 신앙의 의미는 특별한 상황이 아닌 주어진 일상, 그 자체에 있음을 경험한다. 그렇다. 일상의 예배자는 이미 존재하는 일상을 마주하는 자다. 그 안에 이미 있는 하나님 나라를 발견하는 이다.

같이 사는 목회

"목회적 돌봄의 유형은 다양합니다. 예배를 집례하고 심방을 하며 교인의 삶을 돌보는 목회적 돌봄도 필요합니다. 그러나 지금 우리 시대에 필요한 목회적 돌봄은 예수의 마음으로 같이 사는 목회라 생각합니다. 인간은 유한합니다. 자신이 경험한 만큼의 삶 안에서 함께 울고, 함께 웃을 수 있습니다. 이중직 목회가

저에게 준 가장 큰 유익은 성육신 신앙의 현실화입니다."

성육신 신학의 본질은 '낮아짐'이다. 낮아짐의 다른 말은 자비(compassion)의 삶이다. 자비란, 고난받는 이웃들의 고통을 덜어주기 위해 그들의 고난에 동참하는 삶을 뜻한다. 이와 같은 삶은 하늘의 은혜 없이 불가능하다. 나와 상관없는 이웃들의 고난을 바라보며 창자가 끊어질 정도로 아파본 적이 얼마나 있던가? 무감각한 자비의 감성을 마주할 때마다 하늘의 사랑 없이 사랑할 수 없는 연약한 존재임을 깨닫는다.

이중직 목회가 주는 혜택은 폭넓은 삶의 경험을 통한 낮아짐이다. 신앙의 가르침을 따르기 위한 의무적인 낮아짐이 아니다. 살아야 하기에 낮아지는 아픔, 낮아짐의 그늘에서 발견되는 이웃의 아픔. 그렇게 누군가의 아픔이 나의 아픔이 되고, 나의 아픔이 그들의 아픔이 된다.

오 목사는 어린 시절 유명한 대형교회 목사들을 바라보며 성장했다. TV에서 등장한 목사들의 모습은 멋있었다. 카리스마 있는 목소리로 수많은 무리를 압도하는 모습, 규모 있고 화려한 예배당에서 설교하는 목사는 마치 연예인 같았다. 그러나 신학교에서 만난 예수는 그들의 선포와 상반됐다. 수많은 무리를 거절하고 작은 공동체를 꾸려갔다. 인기를 외면한 채, 홀로 산에 올라 신 앞에 선 단독자가 되었다. 떡보다는 하나님 말씀에 집중했고 소유보다 존재하기 위해 고군분투했다. 돈과 명예, 권력을 가진 이들보다 가난하고 힘없는 보통 사람들에게 더 많은 관심을 보였다.

그러나 이미 한국교회 안에서 목사의 역할과 정체성은 예수보다 대형교회 목사에 기준점을 두고 있었다. 세련되고 논리 정연한 설교, 행정력, 획기적인 목회 프로그램 운영과 개발이 목회 역량의 중심기준으로 되어 있었다. 이런 기준에 익숙해진 교인들은 여전히 목사들에게 사람됨보다 목회적 기술을 원했다.

> "어린 시절 우러러보았던 목사들의 뒷모습을 바라보면 씁쓸해집니다. 그들의 마무리가 아름다워 보이지 않습니다. 문제의 원인은 성찰의 부재입니다. 자신이 정의한 신앙을 절대화하고 더 이상 자신의 신앙과 존재에 물음을 던지지 않습니다. 진정한 단순함은 끝없는 질문과 성찰을 통해 찾아옵니다. 그런데 이들의 단순함은 맹목적입니다. 치열한 회의와 질문의 결과물이라고 말하기 어렵습니다."

그의 말처럼 고민을 잃어버리는 순간, 정신의 초월은 멈춰버린다. 종교는 부패하기 시작한다. 오 목사 역시 완벽한 사람은 아니다. 그러나 상황을 통해 물음을 갖게 된다. 예기치 못한 상황의 연속, 위기와 기회를 오가며 생존과 줄다리기하는 일상은 자연스레 성찰을 허락한다. 그렇게 상황(context)과 성서(text)를 오가며 진리를 좇는다.

그는 이중직 목회를 시작하기 전, 교인들에게 성서와 신앙교육을 하며 변화를 기대했다. 기대에 부응하는 교인들도 있었지만, 대다수 교인은 현실에 머물러 있었다. 변화되지 않는 모습을 바라보며 자신의 목회 능력과 자질을 의심했다. 그러나 이중직 목회를 하며 목회의 패러다임이 바뀌었다. 예수 목회는 기술보다 진정성이며 지식의 가르침보다 함께 살아가는 삶으로의 가르침을 중요하게 여겼다는 점이다. 그는 여전히 예배와 설교, 심방을 위해 고민하며 노력한다. 예전과 달라진 것이 있다면 교인들과 같이 사는 목회에 더 많은 관심을 둔다는 것이다. 그들을 변화시키려는 관점보다 있는 그대로 그들을 바라볼 수 있는 목사가 되기 위해 기도한다. 어떻게 하면 수평적 공동체를 이룰 수 있을지 묻는다.

초대교회의 부흥을 꿈꾸며

"자본주의라는 사회를 살다 보니 교회도 자본의 논리로 돌아가고 있습니다. 그래도 교회만큼은 예수의 하나님 나라 방식대로 운영되었으면 합니다. 그 방식을 고민하며 초대교회를 묵상하기 시작했습니다. 초대교회가 서로의 소유를 나눴다는 성서의 서술이 인상적이었습니다. 오늘날 소유를 나눈다는 것은 무엇일까요? 나름의 결론은 수평적 경제 공동체가 되는 것입니다."

예수가 꿈꿨던 하나님 나라는 자본주의보다 사회주의에 가깝다. 함께 노동하고 서로의 소유를 나누며 홀로 설 수 없는 이들을 일으켜 세우는 운명공동체다. 초대교회도 동일한 맥락 안에 있다. 편리함과 개인을 중시하는 현대교회와는 다른 모습이다.

오 목사가 꿈꾸는 교회는 수직적 구조가 아니다. 수평적 구조의 교회다. 직분은 신분이 아니다. 역할일 뿐이다. 교회의 중진들은 고용자가 아니다. 목사는 월급을 받으며 자신의 역할을 수행하는 노동자도 아니다. 신앙 안에서 형성된 관계의 신뢰로 서로를 지지하며 세워가는 공동체의 구성원이다. 각자의 자리

를 찾아가도록 격려하고 도우며 신앙과 존재를 세워가는 공동체. 일자리가 없는 이들에게 일자리를 제공해주고 각자의 믿음 안에서 서로의 필요를 채워주는 경제공동체를 꿈꾼다. 자본에 종속된 교회 안에서는 자본의 논리로 관계가 형성된다. 그러나 교회는 자본의 논리를 포월한 신앙의 논리로 운영되는 모임이다. 자본이 아닌, 사랑의 토양 위에 세워진 공동체다.

자본의 논리는 투자대비 성과를 요구한다. 오늘날 교회에서 문제시되는 양적성장의 문제는 의도의 순수성이다. 다시 말해 성장의 동기가 불순하다는 뜻이다. 예수가 말한 전도의 본질은 뒤로한 채, 외형적인 성장에 치우친 교회 성장론에 대한 문제제기다. 오 목사는 말한다.

"교회가 양적 성장에 대해서 이야기하는 가장 중요한 이유 중 하나가 교회 운영 때문입니다. 교회라는 조직 자체가 헌금으로만 운영되기에 어쩔 수 없습니다. 지금 한국교회는 변화를 요청받고 있습니다. 구조의 변화가 힘들다면 의식의 변화를 꾀해야 합니다. 이런 면에서 지금의 시대야말로 예수에 대한 올바른 믿음과 진리의 내용이 필요한 시기입니다."

인구구조, 세계관의 급격한 변화를 느끼며 산다. 그동안 교회를 지탱해왔던 세대의 노동력과 경제력이 떨어지며 교회 재정상태가 나빠지고 있다. 젊은 세대에게 헌금은 복을 위한 수단이 아닌, 나눔과 헌신, 사회적 책임에 대한 의미가 크다. 그렇기에 젊은 세대가 늘어난다고 해서 교회 재정이 급격히 증가하지 않는다.

확장되는 인류의 세계관에 비해 교회의 세계관은 중세 시대를 벗어나지 못하는 듯하다. 탈권위, 탈민족, 탈문화를 향해 가는 젊은 세대의 교회 이탈은 협소한 교회의 세계관에 답답함을 느낀 결과이기도 하다. 이들의 이탈 속도는 생각보다 빠르다. 이와 같은 위기 속에 교회는 두 가지 길을 선택하고 있다. 기존 체제로의 견고한 회귀, 혹은 새로운 창조를 향한 도전.

초대교회 역시 다양한 박해 앞에 위기를 경험했다. 위기를 극복하기 위한 그들의 방법은 자본의 방식이 아니었다. 진실 어린 사랑과 자발적 나눔, 그렇게 생명의 공동체를 세워가는 것이었다. 그들은 교회를 살아있는 복음의 현장으로 만들어갔다. 교리와 종교를 넘어 순수한 사랑이 역사하는 신비의 장이 되도록 기도했다. 그들은 사랑을 수단화하지 않았다. 사랑 그 자체를 목적으로 삼았다.

나무를 깎듯, 더딘 걸음으로

오 목사는 목공 작업을 통해 인생의 순리를 깨닫는다. 손이 많이 갈수록 결과물의 완성도가 높아지는 모습을 통해 인생을 배운다. 과정과 성찰을 생략한 얕은 농도의 작업은 불만족스런 결과를 만들어낸다. 다양한 작업을 진행하며 결과의 성공과 실패를 경험한다. 보이지 않는 수많은 원인이 있다. 열심을 낸다고 모든 일이 잘 되는 것도 아니다. 될 일은 되고, 안 될 일은 어찌해도 안 된다. 결국 각자의 삶의 보폭에 충실하며 신앙과 자신의 철학에 집중해야 한다. 그러나 말처럼 쉽지 않다. 견디는 일은 분명 고통이다. 그럼에도 견딘다. 견딤의 철학과 견딤의 삶이 주는 맛을 보았기 때문이다.

오 목사는 목공을 하며 더딘 걸음을 훈련하고 있다. 이상이 현실화 되는 과정이 얼마나 지난한 것인지 알아간다. 그렇게 하루를 살아간다. 이상을 품고 현실에 두 발을 디딘 채. 그에게 종교는 완전과 완벽의 대상이 아니다. 과정과 여정, 물음으로의 종교다. 답이 명확하기에 질문을 멈춘 복음이 아닌, 알 수 없기에 끝없이 물어야 하는 복음이다.

그리스도인에게 돈이란

돈은 현실이다. 문제는 돈으로 모든 가치를 평가하는 문화다. 모든 것을 돈의 가치로 환산할 수 없다. 그럼에도 돈이 되는 쓸모의 가치로 우열을 나눈다. 예수는 달랐다. 돈으로 사람과 마음, 사랑을 살 수 있다고 믿지 않았다. 세상엔 돈으로 살 수 없는 것들이 훨씬 더 많이 있음을 깨닫게 했다. 돈으로 살 수 없는 것들을 헤아려보자. 그리스도인들은 돈으로 살 수 없는 것들을 발견해 기뻐하는 이들 아니던가.

그리스도인에게 일이란

노동은 일상을 예배하는 자리다. 그러나 현실은 그리 낭만적이지 않다. 곤고하고 피곤한 현실이다. 모두가 원하는 일을 할 수 없다. 어떤 이는 생존을 위해서 원하지 않는 일을 하기도 한다. 그럼에도 지금 주어진 내 삶의 일부다. 그 조차도 내 삶으로 끌어안을 때 노동의 자리와 현장에서 하늘의 은총을 경험할 수 있다. 동시에 예수의 가치를 실천할 동력을 얻게 된다.

그리스도인에게 교회란

교회는 수직적 문화가 아닌, 수평적 문화를 지향하는 모임이다. 직분은 신분이 아니다. 역할이다. 교회의 중진들은 고용자가 아니다. 목사는 월급을 받으며 자신의 역할을 수행하는 노동자도 아니다. 신앙 안에서 형성된 관계의 신뢰로 서로를 지지하며 세워가는 공동체의 구성원이다. 교회는 자본의 논리로 서로의 역할을 규정하려는 유혹에서 벗어나야 한다. 모두가 평등한 공동체의 구성원으로 자리매김하도록 도와야 한다. 공동체 안에서 자신의 자리를 찾아갈 수 있도록 격려하며 서로를 세워가야 한다.

이동환

평화를 일구기 위해 힘쓰는 이가 있다. 예수의 평화를 물으며 길 위에서 예배하는 자가 있다. 평화로운 세상을 만들기 위해 담담히 자신의 길을 걷는 이가 있다. 평화교회연구소 이동환 목사다. 이 목사는 평일엔 평화교회연구소 사무국장으로, 주말엔 수원에 위치한 영광제일교회 담임목사로 활동하며 한국교회와 한국 사회 안에 평화의 영성을 심기 위해 노력하고 있다. 그를 만나기 위해 서울 서대문구 냉천동에 위치한 평화교회연구소 사무실을 찾았다.

평화는 거저 오지 않는다

평화의 하나님

갈등과 반목, 전쟁은 어찌할 수 없는 인간의 현실인가? 평화를 노래하지만 평화가 아득한 희망처럼 다가오는 이유는 무엇일까? 가까이 있는 일상 안에서도, 매체를 통해 들리는 다수의 소식들에서도 폭력으로 얼룩진 상처는 익숙한 풍경이 되었다. 익숙함은 당연함이 되었고 당연함은 무뎌짐이 되어 이웃의 아픔을 외면하게 만든다.

성서의 역사는 전쟁의 역사이기도 하다. 끝없이 욕망하며 자기중심성 안에 갇혀 타자를 정복하려는 인간의 폭력성. 서로에게 총과 칼을 겨누며 자기 우월성을 증명하고 분노를 쏟아붓는다. 그렇게 보이지 않는 끈으로 연결된 서로의 존재를 부정하며 상처를 양산해가는 인류 역사에 개입하는 신. 신의 뜻을 비웃듯 인간은 다시 총과 칼을 들고 살인을 일삼는다. 그럼에도 끝까지 평화를 포기하지 않는 신이 기독교 신앙이 고백하는 평화의 하나님이다.

성서의 하나님은 홀로 일하지 않는다. 함께 일할 벗을 찾는다. 평화의 소중함을 느끼고 평화의 의미를 깨달아, 평화를 일구기 원하는 사람을 기다린다. 예수는 말한다. '평화를 일구는 자(peacemaker)는 복이 있다. 하나님의 아들이란 소리를 듣게 될 것이다(마5:9).' 그렇다. 평화는 홀로 오지 않는다. 평화는 거저 오지 않는다. 평화는 누군가의 소명과 헌신, 사랑을 먹으며 느리고 더디게 찾아온다. 평화는 예수의 가르침처럼 평화를 일구는 사람들을 통해 시작된다. 지금 잠시라도 누리는 평화가 있는가? 그렇다면 그 평화는 누군가의 희생이며 생명에 대한 사랑의 결과물이다.

평화를 일구기 위해 힘쓰는 이가 있다. 예수의 평화를 물으며 길 위에서 예배하는 자가 있다. 평화로운 세상을 만들기 위해 담담히 자신의 길을 걷는 이가 있다. 평화교회연구소 이동환 목사다. 이 목사는 평일엔 평화교회연구소 사무국장으로, 주말엔 수원에 위치한 영광제일교회 담임목사로 활동하며 한국교회와 한국 사회 안에 평화의 영성을 심기 위해 노력하고 있다. 그를 만나기 위해 서울 서대문구 냉천동에 위치한 평화교회연구소 사무실을 찾았다.

평화교회연구소

평화교회연구소는 2015년 창립했다. 양적성장에 치중된 한국교회의 문제를 인식하고 질적성장의 가치를 높이기 위해 세워진 단체다. 평화교회연구소는 한국교회 안에 평화적 감수성을 심는 비전을 품고 있다. 이와 관련된 목회 컨텐츠 개발, 학술운동, 서적 출판을 한다. 평화교회를 꿈꾸는 이들과 연대하며 고난받는 이들과 함께 길 위에서 예배한다.

"그동안 양적 성장에 골몰해왔던 한국교회는 부흥의 시대를 거치며 큰 외형을 갖추게 되었습니다. 양적 성장과 함께 내면도 성숙했다면 너무나 좋았을 것입니다. 안타깝게도 외형에 비해 내실을 기하지 못했습니다. 그 부작용으로 인해 현재 한국교회에 많은 문제들이 발생하고 있습니다. 교회가 사회로부터 지탄을 받는 시대가 되었습니다. 이제는 '질적 성장'이 필요한 시대입니다. 그 중심에 '평화'가 있습니다."

마주함은 궁금증을 유발한다. 이 목사와 마주하며 평화가 궁금해졌다. 평화를 안다고 생각했는데 평화가 막연했다. 평화란 무엇일까?

"지금 우리에게 필요한 평화는 적극적 평화입니다. 저희는 시끄러운 평화라고 말합니다. 여기서의 평화는 불의에 저항하는 평화입니다. 하나님의 공의와 정의를 세워가는 평화입니다. 예수의 비폭력 저항을 따라 자신의 내면을 성찰하고 평화적 언어로 평화를 외치며 평화의 세상을 만들어가는 행동하는 평화입니다."

평화교회연구소가 정의하는 평화는 생명, 환대, 포용, 정의의 개념을 밑바탕으로 한다. 동시에 이와 같은 평화의 개념을 개인의 삶과 사회에 실천하는 교회를 '평화교회'로 정의한다. 평화교회연구소의 목표는 '평화로운 세상을 만드는 올바른 믿음의 교회'를 세워가는 것이다.

평화교회연구소는 가장 먼저, '개인 내면의 평화'를 추구한다. 내면의 평화가 부재한 사회적 평화는 교조화되기 쉽다. 평화를 실천하는 사람이 되기 위해 자기 자신의 평화를 유지하는 것이 중요하다. 또한 평화교회연구소는 교회의 평화감수성을 추구한다. 일방적이고 위계적인 교회시스템과 정서에 문제의식을 가지고 있다. 각 직제들이 관계 맺는 방식, 갈등을 해결하는 과정 안에 평화 감수성이 스며들도록 노력하고 있다.

노르웨이 평화학자인 요한 갈퉁(Johan Galtung)은 자신의 저서 "평화적 수단에 의한 평화"에서 평화를 직접적인 평화와 소극적인 평화로 구분 짓는다. 소극적인 평화는 억지스러운 평화다. 강자가 폭력으로 약자를 억압함으로 이뤄지는 평화다. 적극적인 평화는 정의가 실현된 상황으로의 평화다. 평화교회연구소가 실천하는 평화는 적극적인 평화에 해당한다.

사복음서를 통해 목격되는 예수, 그는 평화를 사랑한다. 그의 평화는 강자의 폭력으로 약자를 억압하는 소극적 평화가 아니다. 그의 평화는 정의가 실현된 평화, 즉 적극적 평화다. 예수 당시 국가 간의 갈등과 부의 양극화는 극심했다. 노동자들은 수탈당했다. 생명은 경시되고 차별과 배제는 당연시되었다. 이와 같은 상황 속에서 예수는 적극적 평화를 외쳤다. 애끊는 심정으로 평화를 위해 기도했다. 거짓 평화를 외치며 소수의 기득권 세력만을 사랑하는 우상을 하나님으로 둔갑시킨 종교인들을 거세게 비판했다. 가난한 자들의 아픔에 동참하며 잠자고 있던 구조에 대한 비판 의식과 주체성을 일깨웠다. 그렇게 예수는 평화의 도구로 자신을 내어주었다.

한국교회 안에 평화가 있는가?

"주류 한국교회가 정의하는 평화는 개인 내면의 평화와 종교 제도, 혹은 교리에 대한 신념을 고백하는 정도입니다. 평화를 축소시키고 있는 현실입니다. 감리교 창시자인 존 웨슬리 목사도 이야기했듯, 신앙 성숙의 올바른 방향은 개인 영성에서 사회적 영성으로 확장되는 것입니다. 물이 고이면 썩습니다. 신앙도 개인 영성 안에 갇혀 있을 때 부패하기 시작합니다."

지금까지 한국교회의 주요 관심은 세상이 아닌, 교회였다. 물론 교회 안에서 기독교 신앙을 배우고 깨달아야 한다. 기본이다. 당연한 과정이다. 문제는 교회 안에 갇혀 있는 세계관이다. 교회와 선교, 전도, 하나님 나라 등 교회에서 자주 언급되는 신학 용어들의 이해와 적용이 예배당 안에 머물고 있다. 예수는 제자들에게 교회의 빛과 소금이 아닌, 세상의 빛과 소금이 되길 명했다. 교회와 예배, 주일은 신앙의 마침표가 아닌 디딤돌이다. 종착역이 아닌 출발역이다.

이 목사와 평화교회연구소가 문제 제기하는 한국교회의 현실은 '편향'이다. 사회에 대한 무관심, 가난한 자들과 불의한 삶에 대해 외면하는 신앙문화가 한국교회의 부패를 야기했다고 판단한다. 이 목사는 말한다. 이제는 교회 내부로 집중된 관심을

외부로 돌려야 한다고.

그에 의하면 종교를 개종시키는 것만이 선교가 아니다. 종교색이 달라도, 비종교인이라도 어려움에 처한 이웃들의 고난에 동참하는 모든 여정도 선교와 전도에 해당한다. 살아있는 모든 생명 속에 심어진 하나님의 형상을 발견하고 서로의 이름을 불러주는 모든 평화의 여정이 하나님 나라의 복음을 전하는 순간들이다.

이중직 목회에 대한 고민과 대안

이 목사는 평화교회연구소 사무국장으로 활동하며 수원에 위치한 영광제일교회의 담임목사로 사역하고 있다. 두 가지 영역의 목회활동을 하면서 나름 고민도 많다.

> "연구소와 교회에 속한 양쪽 구성원 모두에게 미안한 마음이 있습니다. 목회라고 하면 좀 더 많은 시간을 교인들과 함께 보내야 한다고 생각합니다. 교회를 놀이터처럼 생각할 수 있도록 열린 교회가 되어야 하는데 평일에는 사무국장의 직을 감당하다 보

니 그렇게 하지 못하고 있습니다. 연구소 사무국장으로 일할 때 역시 오롯이 집중할 수 없는 부분이 있습니다. 갑작스럽게 교회에 일이 생기면 연구소 일을 잠시 멈춰야 할 때도 있습니다."

복음은 일상적인 것이라고 말하는 이 목사. 그에게 목회는 어울림이다. 일상 속에서 경험하는 삶의 어려움과 고민을 예수의 마음으로 볼 수 있도록 공동체원들을 도와야 한다. 동시에 어떻게 해결해나갈지 함께 고민하고, 함께 자라나며, 함께 살아가는 것을 목회로 정의한다. 이런 이 목사에게 이중직 목회는 자신이 속해 있는 공동체 구성원들에게 부채의식을 느끼게 만드는 목회 방식이다. 어느 한쪽도 온전히 집중할 수 없는 정신과 육체, 시공간의 한계 때문이다.

이 목사는 이중직 목회자들이 겪는 실존적 고민에 대한 대안으로 교회를 지역에만 국한시키지 말자고 제안한다. 다시 말해 지역(local)이란 개념을 지리적 의미에 가두지 말고 비전과 가치의 개념까지 확장하자는 것이다. 이중직 목회를 하는 목사들은 현실적으로 지역과 소통할 수 있는 목회 프로그램을 진행하기 어렵다. 지역 교회 목사들과 동일한 형태의 심방과 예배 시스템을 유지하기 힘들다. 동시에 모든 교인들이 지역교회를 원하는 것

도 아니다. 다원화 시대를 살아가는 현대 기독교인들에게 교회는 다양한 형태로 존재할 수 있다. 교회의 본질은 형태가 아니다. 교회의 본질은 예수가 전한 하나님 나라의 가치를 삶의 중심에 놓는 이들의 모임이다. 매월 공간 대여료를 지불하며 비효율적으로 교회 공간을 사용하고 유지하는 것보다는 지역을 초월해 가치와 신학 중심으로 자유롭게 모일 수 있는 예배 공동체도 지금 우리가 사는 시대에 설득력 있는 대안적 교회 형태 중 하나로 다가온다.

편드시는 하나님

> "예수의 하나님 나라 관점에서 본다면 불의한 세력조차도 하나님의 자녀이자, 생명입니다. 그럼에도 성서가 고백하는 하나님에게 당파성은 존재합니다. 한쪽으로 치우친 공평과 정의란 추의 균형을 맞추기 위한 당파성이지요. 그렇게 하나님은 가난한 자들과 연약한 자들의 편이 되어주십니다."

예수를 읽다 보면 어정쩡한 예수를 만날 때가 있다. 확실한 듯 말하지만 주춤거린다. 권력과 명예의 중심부로 들어가는 듯하다가 이내 변방으로 돌아선다. 대중의 인기를 등에 업고 저항을 외칠 만도 한데 고독의 길을 선택한다. 불의한 세력과 악의 구조를 비판하다가도 원수들에게 연민을 느끼고 그들의 구원을 위해 기도한다.

어정쩡함. 결국, 예수는 그 어정쩡함 때문에 모두에게 버림받는다. 차갑고 외로운 십자가 위에서 처량하게 죽음을 맞이한다. 모든 생명을 향한 자비의 마음과 살아있는 모든 것들 안에 존재하는 하나님의 숨결을 느낀 예수에겐 질문이 많다. 동기와 중심, 삶의 이력을 묻고, 또 물으며 공감과 이해의 폭을 넓힌다. 자신의 거룩함을 보여주기 위한 쇼가 아니다. 오롯이 차고 넘치는 사랑 때문이다.

그럼에도 예수는 편드시는 하나님을 전해준다. 성전 밖에 사는 이들, 힘없는 여인들과 아이들, 시대의 풍파를 등지고 생존의 숙명을 받아들이며 하루, 하루를 꾸역꾸역 살아내는 사람들, 타락한 구조와 부패한 권력의 희생자로 살아가는 평범한 이들을 편드시는 구원의 하나님을 설파한다.

이 목사는 기독교인이 서야 할 자리가 어디인지 묻는다. 그 자리는 신앙의 자리다. 신앙의 자리는 하나님의 자리이며, 하나님의 자리는 하나님의 시선과 마음이 머무는 곳이다. 그렇기에 그는 소외된 자들의 자리에 서는 것을 의로운 일로 여기지 않는다. 마땅히 가야 할 신앙인의 길로 받아들인다.

그리스도인의 저항

그동안 한국교회의 주된 관심은 제도적 교회에 집중되어 있었다. 교회 내에서 진행되는 주된 신앙교육의 내용은 교회생활과 종교 제도, 교리를 수호하고 전파하는 신앙인의 삶에 국한되어 있었다. 상대적으로 사회를 살아가는 그리스도인이 지녀야 할 사회적 영성에 대한 교육을 받지 못했다. 그래서일까? 불의에 대처하는 그리스도인의 삶에 대해 무지하다. 더욱이 목사들은 종교인이란 명목하에 정치와 종교를 분리시킨다. 종교는 종교일 뿐이다. 내면의 평화, 내세의 구원, 이생의 기복을 위한 수단에 충실하면 그만이다.

예수는 어땠을까? 그의 죽음을 보라. 십자가 처형은 단순한 처형이 아니다. 정치범들에게 행하는 처참한 처형 방식이었다. 무슨 말인가? 예수는 정치범이었다는 뜻이다. 그의 가르침과 사상, 삶의 이력이 로마라고 하는 제국에 위협이 되었다는 뜻이다. 우리가 따르는 역사적 예수의 이면이다. 그렇다. 예수가 전한 하나님 나라는 종교 제도 안에 국한되지 않는다. 우리가 살아가는 현실, 종교, 사회, 경제, 문화, 정치 등 모든 삶의 영역 안에 스며드는 가르침이다.

그리스도인에게 정의와 저항, 비판은 자기 의로움과 우월감을 드러내기 위한 도구가 아니다. 그리스도인에게 정의와 저항, 비판은 구원과 생명을 위한 하나님 나라의 도구다. 사랑하는 이의 회복을 향한 간절한 울부짖음이자, 연민의 절규다. 이 목사는 말한다.

> "세상을 바꾸고 하나님 나라를 실현하기 위한 정의의 이상향을 획일적으로 제시하는 것은 옳지 않습니다. 율법화는 위험합니다. 세상을 아름답게 만들기 원하는 그리스도인의 품은 너른 마당 같아야 합니다. 잘못을 저지른 이, 혹은 나와 다른 이를 맹목적으로 악마화해서는 안 됩니다. 불의에 대해 비판하고 저항하지만 그들의 아픔도 헤아릴 수 있는 영성이 필요합니다. 물론, 어려운 일입니다. 저 역시 쉽지 않습니다. 자기 내면의 평화를 위한 기도와 영성훈련이 절실한 이유입니다."

이 목사가 만난 예수의 혁명은 한 순간에 이뤄지는 마술 같은 변화가 아니다. 선과 악의 현실을 있는 그대로 끌어안고 포월하는 운동이다. 자신에게 주어진 일상, 믿음, 생의 분량 안에서 자족하며 평화의 세상을 만들어간다. 왜 이렇게 세상이 쉽게 바뀌지 않느냐는 볼멘소리도 스멀스멀 올라올 때가 있다. 조바심과 불안, 의심도 든다. 그럼에도 옴짝달싹하지 않을 것만 같았던 세상에 찾아오는 변화를 목도한다. 내가 원하는 만큼의 속도와 강도는 아니지만 서서히 찾아오는 봄의 기운을 감지한다. 희망고문처럼 다가오는 평화의 여정이지만 자신에게 주어진 역할에 최선을 다하며 평화를 기다린다. 또한 희망을 내려놓지 않기 위해 기도한다.

길 위의 예배자

이 목사의 여정에 관심을 갖기 시작한 것은 노동자들의 투쟁 현장에서 진행된 길 위의 예배 때문이다. 노상에 천막을 치고, 굴뚝에 올라가 오랜 기간 생존을 위한 투쟁을 이어가고 있는 노동자들을 지지하며 함께 예배한다. 길 위에 돗자리를 펼치고 앉아 찬양하며 기도한다. 말씀을 전하고 성례전을 집례한다. 벌써 수년째 예배를 이어오고 있다.

"기독교인이라는 정체성을 가지고 고난받는 이웃들과 연대하는 방법을 모색했습니다. 저희에겐 '예배'였습니다. 기독교인에게 가장 신앙적이고 정치적인 표현 방식은 분명 예배였습니다. 예배에 집중할 수 있는 안락한 환경은 아닙니다. 그럼에도 하나님의 은혜가 함께함을 느낍니다. 그 안에서 누리는 감격과 예배의 신비가 있습니다."

길 위의 예배가 주는 은혜는 순종과 실천의 은혜다. 구호만 난무하는 이웃 사랑의 허울을 깨뜨리고 누군가의 고난에 동참하는 자비의 삶이 주는 해방과 자유의 기쁨이다. 고난받는 자들과 함께하는 예수의 현존이 있는 자리에 동참할 때 찾아오는 순종의 뿌듯함이다. 이 목사는 길 위의 예배가 이어질수록 하나님이 교회 안에만 계시지 않음을 느낀다. 굴뚝 위에도 계시고 천막 안에도 계심을 경험한다. 그들과 함께 주무시고 그들의 고난에 동참하고 계심을 깨닫는다. 성찬을 함께 나누고 서로를 부둥켜안고 따스한 온기를 나눌 때면 성령의 역사를 누린다.

길 위에서 수년 동안 투쟁을 이어온 이들의 대다수가 평범한 삶을 살아가는 직장인들이었다. 처음부터 전투적인 사람들이 아니었다. 투쟁을 위한 투쟁을 하는 이들도 아니었다. 처음엔 억

울해서 시작했다. 근로계약서상의 약속들이 지켜지지 않았다. 이행되지 않은 약속에 대해 문제를 제기하면 불이익을 주었다. 사랑하는 가족을 지키기 위해, 생존을 위해 비인격적이고 불공정한 상황을 견디며 침묵했다. 이런 고통이 극에 달하며 목숨을 건 투쟁이 시작되었다.

길 위에서 생활한다는 것은 일상과 목숨을 내놓은 말 그대로의 투쟁이다. 사지로 몰린 이들의 마지막 몸부림이다. 그렇기에 간절하다. 그들은 더 이상 갈 곳이 없기 때문이다. 끝을 알 수 없는 긴 여정 속에 심신은 지쳐간다. 버려지고 잊히는 것이 두렵다. 길 위의 노동자들에게 가장 큰 위로와 힘은 꾸준한 관심과 연대다. 길 위의 예배는 이런 이들에게 큰 위로와 사랑을 건넨다.

처음 길 위의 예배를 제안할 때 경계하는 분위기도 있었다. 그들의 고난에 동참하는 그 자체보다 교인으로 만들려는 이들도 있었기 때문이다. 이 목사도 그런 경계의 시선을 느꼈다. 그러나 예배의 횟수가 쌓일수록 순수한 사랑을 느끼며 마음을 열기 시작한다. 이런 모습을 보며 예배에 대한 새로운 가능성을 발견하기도 한다. '예배 형식 안에 누군가의 삶을 녹여낼 수 있구나! 사회 현실에 대해 이야기하며 공감할 수 있구나! 위로받으며 비판하고 길을 찾을 수 있구나!' 길 위의 예배에는 비기독교인들도 자유롭게 오가며 참여한다.

먼저해야할 질문

이중직 목회자라면 누구나 한 번쯤 자기 삶의 향방을 묻게 된다. '잘 가고 있는가?' '옳은 선택인가?' 서두에서 언급한 이 목사의 고백처럼 여기도, 저기도 온전히 섞일 수 없는 두 가지 정체성 앞에 내면의 갈등과 현실의 과제를 마주한다. 이런 현실 속에서 이중직 목사들의 공통된 노동의 동기가 있다. '지속 가능한 목회'다. 자본 현실 안에서 건강한 작은 교회를 세워가고 맘몬의 방식이 아닌, 하나님 나라의 방식대로 운영되는 교회를 세워가기 위한 시도다.

> "아무래도 저에겐 활동가보다 목사라는 정체성이 먼저인 것 같습니다. 모호함도 있지만 그리스도인과 목사라는 정체성 안에서 고난받는 이들과 함께하고 싶습니다. 어찌 보면 제가 가장 잘 할 수 있는 역할인 것 같습니다."

그의 솔직한 답변에 가슴이 뭉클해진다. 순수한 신심과 목사에 대한 소명의식이 느껴졌기 때문이다. 그는 이중직 목회를 하며 어려움이 올 때마다 목회를 그만두는 상상도 해본다. 이내 두려움이 엄습한다. 기독교 신앙과 목사라는 정체성이 존재의 일부가 되었기 때문이다. 목사라는 직에 대한 욕심과 집착이 아니다. 하나님과 이웃에 대한 사랑이 지금까지 이동환이란 사람의 생명줄이자, 버팀목이었던 것이다. 그런 사랑은 교회공동체를 통해, 목사라는 역할을 통해 스며들었고 어느 순간 버릴 수 없는 삶의 일부가 된 것이다. 이 목사는 오늘도 꾸준히 자신의 길을 걷는다. 힘겹지만 차가운 겨울 속에서 봄을 기다리는 생명의 인내를 바라보며 거저 오지 않는 평화의 세상을 향해 뚜벅뚜벅 걸어간다.

"저는 목회활동이 즐겁습니다. 그곳에 부의 풍요와 명예, 권력의 자리는 없습니다. 교회에 출석하는 아이들과 함께 어울리며 그들을 돌보는 일에 보람과 기쁨이 있습니다. 동시에 이 소명이 얼마나 귀한 것인지 깨닫습니다. 하나님 나라의 가치는 소유가 아닌 존재에 있지 않습니까? 이런 차원에서 목회는 저의 존재를 성숙시키는 삶입니다."

그리스도인에게 돈이란

돈은 필요하다. 없어서도 안 되고, 과해서도 안 된다. 없음과 있음이란 두 지점에서 끝없이 갈등하며 긴장 속에 있어야 한다. 노동 현장에서 일어나는 고통의 대부분이 자본 때문에 일어난다. 깨어 있는 마음으로 자본의 흐름과 자본의 구조를 볼 수 있는 눈이 필요하다.

그리스도인에게 일이란

노동은 삶의 이유다. 노동은 존재와 소유의 성취를 위해 필요한 삶이다. 그런데 현대사회, 특별히 한국 사회는 노동의 강도가 과하다. 노동과 쉼에 대한 본질적 가치에 대한 물음이 필요하다.

그리스도인에게 교회란

포기할 수 없는 것이다. 교회는 다양한 사회 공동체와 더불어 세상을 변화시킬 수 있는 중요한 축이다. 교회의 타락을 부정할 수 없다. 그럼에도 교회는 여전히 희망이다. 교회만큼 사람들이 함께 모여 가치를 공유하며 진리를 실험할 수 있는 모임도 많지 않다. 교회들이 하나님의 뜻을 올바르게 분별해가며 평화의 가치를 실현해간다면 아름다운 세상이 되어갈 것이다.

안준호

골목을 묵상하며 존재의 모순에 씨름하다 골목 교회를 만났다. 일산에 위치한 참포도나무교회다. 마을 골목을 중심으로 예배당과 카페, 목공소와 청년들의 작업공간이 자리하고 있다. 아담한 골목, 그 사이에 씨줄과 날줄처럼 뒤엉킨 목회철학과 표현, 고민과 애정, 시간의 흔적들이 느껴진다. 커피마을이라고 적힌 카페로 들어섰다. 안준호 목사와 참포도나무교회 청년들이 향긋한 커피와 밝은 미소로 맞이해준다.

달려라 커피

골목을 생각하다

어린 시절 골목에 대한 추억이 많다. 방과 후 친구들과 골목길에 모여 이런저런 놀이를 했다. 지금처럼 학원문화와 놀이문화가 발달하지 않은 시기였다. 골목은 작은 사회였다. 웃음과 눈물이 있었고, 위로와 다툼도 있었다. 과시와 질투, 나름의 권력과 질서의 현실을 배우는 인생 학교였다.

큰 길가를 지나 동네로 안내하는 굽이진 길, '골목'. 급격한 도시화가 만든 예기치 못한 풍경이다. 계획되지 않았기에 들쭉날쭉하다. 미로처럼 복잡하다. 좁은 골목길을 중심으로 옹기종기 집들이 마주한다. 가치와 의미, 철학보다 가난에서 벗어나 성공하고픈 분주함이 고스란히 담겨있다. 정신없이 흘러가는 생존의 전쟁터에서 소외된 이들의 굴곡과 공허가 정적과 함께 숨 쉰다.

급격한 경제성장과 함께 형성된 골목문화가 경제성장과 함께 사라지고 있다. 가난이라는 잊고 싶은 기억을 담고 있는 장소이기 때문일까? 자연스러운 사회 발전의 흐름일까? 재개발과 함께 골목문화는 사라지고 있다. 문화의 중요한 가치인 시간의 흔적과 이야기를 담은 공간들도 발전과 함께 증발되고 있다.

골목이 없어진 자리엔 화려한 건물과 고층 아파트, 다세대 빌라들이 들어섰다. 길가는 주차된 차들로 빼곡하다. 출생인구가 많이 줄어든 이유도 있지만 학원문화와 PC, 스마트폰 등 새로운 놀이문화에 빠진 아이들에게 골목은 진부한 곳이 되어버렸다. 그렇게 시끌벅적한 아이들의 웃음소리와 골목의 활기는 잠잠해졌다.

골목이란 형태가 사라진 것에 대한 아쉬움이 아니다. 골목이 지닌 한 세대의 정신과 문화의 가치가 없어지는 것에 대한 안타까움이다. 골목은 마을이다. 마을은 관계이며, 관계는 인간존재의 바탕이다. 이 지점이 아쉬움으로 다가온다. 그러나 이런 서술을 하면서도 모순된 자아를 발견한다. 골목문화를 그리워하지만, 마을 문화를 재생하기 위한 불편함과 인내를 외면하고 있다.

골목을 묵상하며 존재의 모순에 씨름하다 골목 교회를 만났다. 일산에 위치한 참포도나무교회다. 마을 골목을 중심으로 예배당과 카페, 목공소와 청년들의 작업 공간이 자리하고 있다. 아담한 골목, 그 사이에 씨줄과 날줄처럼 뒤엉킨 목회철학과 표현, 고민과 애정, 시간의 흔적들이 느껴진다. 커피마을이라고 적힌 카페로 들어섰다. 안준호 목사와 참포도나무교회 청년들이 향긋한 커피와 밝은 미소로 맞이해준다.

전도실패, 그리고 골목

"2004년 교회를 처음으로 개척했습니다. 직접 수확한 농작물로 진정성을 담아 전도했습니다. 옥수수 만개를 2천 명과 나눴습니다. '예수 믿으시고, 동네 교회에 나가세요' 라고 전도를 했습니다. 그해 가을에는 이천 포기 김치를 담가 젊은이들의 거리에서 문화축제를 열고 지역주민들과 나누면서 전도를 했습니다. 대학원에서 받은 장학금을 모두 그곳에 쏟아 넣고 전도를 했습니다. 그 뒤 된장과 고추장을 1kg 용기에 넣어서 이천 명과 나눴습니다. 그 뒤에는 깻잎 김치를 나눴습니다. 그 일을 통해서 저는 '단 한 명'의 사람이라도 우리 교회에 나와 주기를 바랐습니다. 그렇지만 제 발로 찾아오는 사람들은 단 한 명도 없었습니다."

안 목사는 전도지를 나눠주는 전도 방식이 아닌 정성과 사랑, 진정성이 담긴 전도 방식을 고민했다. 물질과 시간, 열정과 소명을 담아 전도했다. 그러나 전도를 통해 교회를 찾아온 사람은 한 명도 없었다. 허탈했다. 안 목사는 치열했던 지난 전도 여정을 후회 없이 마감했다. 동시에 성찰하며 다짐했다. 교회 홍보에 머무르는 전도를 더는 하지 않기로. 그렇다면, 어떻게 해야

할까?

교인들은 일 년 넘게 최선을 다한 전도가 실패로 끝나자 실망한 눈치였다. 교인들에게 미안했다. 현실은 답답했다. 다양한 마음이 교차했다. 복잡한 마음과 함께 더 큰 위기가 찾아왔다. 바로 '설교'였다. 안 목사는 자신이 전하는 설교와 살아가는 삶의 괴리 때문에 괴로웠다. 설교자가 완벽하게 살아야 한다는 강박관념에서 비롯된 아픔은 아니었다. 완벽할 수 없지만, 완벽할 수 없는 존재와 삶의 불일치를 당연시하고 싶지 않았다.

쓰라린 마음을 달래기 위해 숲을 걸었다. 목회의 의미와 존재의 뜻을 갈구했다. 따뜻하게 안아주는 숲과의 만남이 안 목사의 마음을 위로해주었다. 그렇게 걷고, 또 걸었다. 숲의 칭찬과 토닥임을 경험하며 다시 목회의 밑그림을 그렸다. 개척 초기 교회는 도심 빌딩 8층에 위치했다. 높은 위치 때문에 사람들을 만나기 어려웠다. 고민 끝에 교회를 이전하기로 했다. 도심 중심부 빌딩에서 마을이 있는 골목으로.

교회 이전과 함께 마을교회를 상상했다. 마을 속으로 들어가 마을 아이들과 친구가 되어주는 교회를 꿈꿨다. 그렇게 '어린이 북카페 숲을 걷다'가 세워졌다. 초기에는 안 목사의 아내가 운영하던 피아노 학원 학생들과 부모들이 주로 이용했다. 자유롭게 아이들은 코코아를 마시며 독서를 했다. 부모들은 안 목사가 내려주는 '핸드드립 커피'를 마셨다. 아이들을 위한 다양한 문화공연을 진행했다. 여름이면 동네 아이들과 함께 수련회를 떠났다. 자연스레 아이들과 친구가 되어갔다.

커피마을의 바리스타

> "저의 현실을 점검했습니다. 일단 대형교회 목사는 될 수 없었습니다. 부사역자도 저에게 맞지 않았습니다. 저의 길은 작은 교회 목사였습니다. 개인의 목회능력에 근거한 판단만은 아니었습니다. 신학적 차원의 판단으로도 대형교회는 예수 목회와 거리가 있었습니다."

작은 교회에 대한 안 목사의 비전은 예수의 가르침을 근거로 한 판단이었다. 외형적 결과보다 내면의 변화를 중요하게 여겼던 예수, 가난한 자들의 편이 되어주었던 예수, 이름 없는 들풀의 가치를 일깨워주고 일상에 존재하는 하나님 나라를 보게 한 예수. 이런 예수의 길은 분명, 대형화의 이데올로기와 대치되었

다. 그러나 현실은 현실이다. 이상의 실현을 위해 현실의 모색이 따라와야 한다. 목사 가정의 자립과 프로그램 운영을 위한 자본이 필요했다. 안 목사는 마을로 들어간 이후부터 사비를 털어 마을 아이들을 위한 프로그램을 진행했다. 시간이 지날수록 아이들은 늘어났고 필요한 예산도 커졌다. 적자가 나기 시작했다. 자립을 모색할 시기가 찾아왔다. 그렇게 커피 마을이 시작됐다.

"커피를 좋아했습니다. 커피에는 소통의 힘이 있기 때문입니다. 커피 한 잔을 머금으면 마음이 열립니다. 솔직한 이야기들이 오갑니다. 함께 웃기도 하고, 울기도 합니다. 이런 커피의 매력에 빠졌습니다. 커피를 내리며 인생의 섭리를 배우고, 그 속에 서려 있는 예수의 가르침도 묵상합니다. 그렇게 노동하며 자립하고 마을을 세워갈 수 있는 매개로 커피를 선택했습니다."

안 목사에게 커피의 의미는 커피 그 이상이다. 커피는 생존을 위한 노동의 의미를 넘어 삶의 친구다. 사색의 여유와 대화의 자리를 마련해주며 성찰을 돕는다. 커피가 주는 선물 중 가장 큰 선물은 다양한 만남이다. 삶의 위기에 빠진 이들이 찾아와 이야기 보따리를 풀어놓는다. 강대상에서 내려와 양복을 벗고 골목에서 일하며 아이들과 함께 호흡하니 이웃들이 먼저 찾아온다.

커피마을을 시작한 후 손님을 응대하는 일이 쉽지 않았다. 자신도 모르게 쌓여있던 목사에 대한 이미지와 정체성 때문이었다. 목사가 앞치마를 두르고 커피를 내오고 계산하는 모습이 안 목사 자신과 교인, 손님 모두에게 낯선 풍경이었다. 생소함이 주는 낯섦과 불편함은 노동의 반복을 통해 자연스레 사라졌다.

노동과 함께 준비하는 설교

> "월요일부터 묵상과 노동을 병행합니다. 노동 현장에서 묵상하고 체화된 말씀을 교인들에게 전합니다. 책상에 앉아서 설교를 준비하는 시간이 상대적으로 적기에 더 많이 묵상하고 질문하게 됩니다. 설교를 준비하는 자리가 현실이다보니 설교의 내용도 현실적인 내용이 많습니다."

안 목사는 평일의 노동을 통해 노동의 신비를 경험한다. 수도원에서 일상의 노동을 영성을 위한 수행의 방편으로 삼는 이유를 깨닫는다. 노동이 주는 일상의 충돌과 번민을 통해 내면을 성찰한다. 몸을 낮추고 누군가를 섬김으로 얻게 되는 대가의 보람과 소중함을 느낀다. 겸손을 배우고 경청을 학습한다.

노동 그 자체가 설교를 준비하는 자리다. 설교 본문을 삶의 현실로 끌어와 실현하기 위해 힘쓴다. 동시에 실패도 경험한다. 그렇게 상승과 하강을 교차하며 이상과 현실을 조율해간다. 왜 그렇게 살지 못하느냐는 볼멘소리보다, 살기 어려운 현실 앞에 고뇌하며 아파하는 교인들의 마음을 좀 더 헤아리게 된다. 그들의 아픔은 추상적 아픔이 아니다. 안 목사 자신의 아픔이다. 그렇게 설교는 대화가 된다. 답을 내려주는 설교가 아니다. 답을 찾아갈 수 있도록 격려하고 공감하는 설교다. 또한 안 목사는 회중들에게 전하는 설교뿐만 아니라, 일상의 노동을 통해 만나는 모든 이들과의 대화도 설교로 여긴다. 이런 행동의 근거엔 예수가 있다. 그는 성전이 아닌, 길가와 우물, 부엌과 들판에서 사람들과 소통하며 하나님 나라의 소식을 전했던 복음서의 예수를 보며 설교에 대한 개념을 정립했다.

안 목사는 로렌스 수사(1611-1691)를 좋아한다. 38세에 파리에 있는 맨발의 까르멜 수도회에 들어갔고 '부활의 로렌스 형제'라는 수도명으로 불리기 시작한 사람이다. 그는 평생을 평수사로 지내며 부엌일과 샌들 수선하는 일을 했다. 안 목사는 바리스타로 일을 하면서 로렌스 수사에 관심을 갖기 시작했다. 이유는 로렌스 수사가 고백했던 신앙 체험의 자리가 일상과 노동의 자리였기 때문이다. 로렌스 수사는 주방에서 일하며 하나님의 임재를 경험했다. 샌들을 수선하고 반복되는 일상의 노동들을 통해 존재의 기쁨을 누렸다. 이런 그의 모습이 안 목사에겐 거룩한 도전으로 다가왔다.

"저 역시 목사이기에 말이 앞설 때가 많습니다. 말은 항상 존재보다 앞서가려 합니다. 말로 하기는 쉽습니다. 그러나 삶 속에서 말을 이뤄가는 일은 전혀 다른 차원의 문제입니다. 삶의 목표 중 하나는 설교를 잘하는 목사가 아니라 로렌스 수사처럼 저에게 주어진 노동의 자리에서 하나님의 임재를 경험하는 목사가 되는 것입니다. 단순한 일 안에 담긴 하나님의 뜻을 좀 더 깊게 경험하고 싶습니다."

목사가 믿음이 없어서 돈을 버는가?

"목사가 일상의 노동을 통해 생계를 이어나가는 모습을 보고 어떤 신앙인들은 목사의 믿음을 의심합니다. 그러나 저는 노동이야말로 하나님의 뜻이라고 생각합니다. 하나님이 우리를 창조하실 때 생각하라고 머리를 주셨고, 느끼라고 감각을 주셨습니다. 열심히 일하라고 손도 주셨습니다. 다시 말해 노동하는 인간으로 창조하셨습니다. 노동자체가 삶의 본질인 것이죠. 노

동이란 삶의 본질에 충실해 스스로 자립하는 것은 오히려 창조주의 뜻에 순응하는 일입니다."

노동이란 무엇일까? 생존을 위한 육체적, 정신적 활동을 뜻한다. 살라고 명하신 하늘의 뜻에 순응하는 삶이다. 노동의 여정은 치열하고 고되다. 그럼에도 노동은 인간존재를 성숙시키고 신성을 일깨우며 하나님께로 더 가까이 가도록 돕는다.

목사가 하는 노동과 목회에 대한 패러다임이 협소하다. 정해진 예배시간을 위한 설교와 연구, 심방만을 목사의 노동으로 규정하려 든다. 이런 패러다임 안에서 이중직 목회는 믿음 없는 목사들의 믿음 없는 선택으로 치부되곤 한다. 안 목사는 말한다. 노동이야말로 목사의 신앙의 확장이며, 창조주의 뜻에 순응하는 일이라고.

노동의 소외가 일상이 되었다. 산업혁명 이후 인류에게 노동은 재화 획득의 수단으로만 여겨진다. 성서가 고백하는 노동의 가치는 재화 획득의 수단을 넘어선다. 창조하는 하나님은 노동하는 신이다(창1:1,27,31, 창2:7-8). 기다림과 질문, 상상력과 설렘을 가지고 노동하며 세상을 창조한다. 하나님은 노동을 통해 자기를 표현하고 즐거움을 느낀다. 피조 세계와 관계하며 소통의 기쁨도 누린다. 그렇게 성서는 노동을 생존을 위한 수단을 넘어, 자기표현과 자기이해, 서로를 세워주는 관계의 수단으로 정의한다.

이렇듯, 노동의 의미는 다채롭다. 노동의 모습과 역할도 다양하다. 그러나 종교인에 대한 노동의 패러다임은 여전히 획일화되어있다. 규정과 틀 안에 갇혀 있다. 노동에 대한 새로운 상상력이 필요하다. 안 목사는 노동에 대한 개념의 확장과 적용을 위한 교육이 필요하다고 말한다. 그에 의하면 잃어버린 노동의 가치를 회복하는 사역을 교회가 해야 한다고 주장한다. 그는 목사를 영화 쉰들러리스트에 등장하는 주인공 오스카 쉰들러에 빗대어 표현한다. 가스실에서 죽어가는 생명들을 살리기 위해 그들의 고난으로 들어간 주인공처럼 목사들도 누군가의 일상과 노동의 자리에 참여해 희망을 선포하고 생명을 살려야 한다고 말한다.

커피 트럭, 달려라 커피

2014년 4월 16일. 세월호 참사가 일어난 날이다. 안 목사는 참사 소식을 접한 뒤 아무 일도 할 수 없었다. 고난주간이었다.

달려라 커피

HAND DRIP COFFEE AND WAFFLE

눈 앞에서 아이들이 죽어가고 있었다. 아무것도 할 수 없는 현실이 답답했다. 결국 커피마을의 문을 걸어 팽목항으로 향했다. 봄이 오는 진도에는 유채꽃이 만발했다. 그 사이로 구급차들이 분주하게 진도와 팽목항을 오갔다. 4월 23일 진도 팽목항 방파제에 도착해 미리 준비해 간 커피와 초콜릿을 바다에 흩뿌리며 잠시 기도했다. 아이들에게 커피라도 대접하며 마지막 인사를 나누고 싶었다.

이후 안 목사는 세월호 생존자 아이들의 커피 멘토가 된다. 커피를 매개로 가슴 깊이 감춰 둔 마음을 꺼내 놓는다. 해결보다 공감을, 대안보다 희망을 심기 위해 경청하는 시간이었다. 커피 향과 맛을 나누며 서로의 아픔을 나누고 아이들의 마음을 보듬을 수 있었던 순간이었다. 그렇게 만남은 새로운 삶으로 인도했다. 안 목사는 카페에 있던 커피 기계들을 팔았다. 이동식 커피 기계를 구입하고 커피 트럭을 만들었다. 그렇게 커피 트럭, '달려라 커피'의 이야기가 시작됐다.

"제가 고난받는 이들을 위해 나눌 수 있는 건, 커피였습니다. 저는 이 일을 위해 경차와 트레일러를 구입했습니다. 장비를 갖춘 뒤 연대를 필요로 하는 곳으로 달려갔습니다. 광화문에 나가서 열흘 동안 매일 저녁 커피를 나누며 세월호 특별법 제

정을 위한 서명 작업에 동참했습니다. 10월부터는 8주간 진도 실내체육관에서 커피와 와플을 실종자 가족들에게 나눴습니다. 저는 '달려라커피'를 사회적 심방이라고 생각합니다. 이 땅에서 불의로 인해 고통받는 사람들이 있는 곳이라면, 할 수 있는 한 어디든 달려갈 생각입니다."

사회적 심방이라는 표현이 낯설지만 신선했다. 심방은 돌봄의 다른 말이다. 그동안 교회 안에서 정의된 심방은 교인들에게 국한된 심방이었기 때문이다. 예수를 보자. 예수의 심방은 때와 장소, 대상을 가리지 않는다. 특별히 지역사회와 국가적인 차원의 심방도 서슴지 않았다.

사회적 심방엔 고충이 따른다. 사회란 단어 안에 이미 다양한 정치적 입장이 내포되어 있다. 나와 다른 정치적 입장에 있는 이들의 비판을 감내해야 한다. 사실, 예수의 하나님 나라는 이념을 넘어선 생명의 지향이다. 죽어가는 이를 살리는 일 앞에 이념과 종교, 인종과 이해관계가 우선시 될 수 없다.

세월호 참사를 향한 안 목사의 발걸음은 정치도, 경제도, 종교도 아니었다. 인간으로서 마땅히 해야 할, 더욱이 생명을 전하는 목사로서 당연히 해야 할 의무였다. 그럼에도 안 목사의 여정을 바라보며 비판하는 이들도 있었다.

> "이 일을 하면서 종북좌파란 말을 듣기도 했습니다. 다른 교회에서 설교할 때, 세월호 이야기만 안 했으면 참 좋을 텐데라는 말도 들었습니다. 저는 세월호 유가족들의 슬픔에 동참하는 일을 하면서 왜 종북좌파란 말을 들어야 하는지 모르겠습니다. 왜 교회에서는 세월호 참사에 대해서 말하지 않아야 하는지 납득이 가지 않습니다."

커피를 내리고 와플을 굽는다. 세월호 희생자 부모들은 안 목사가 만들어 준 커피와 와플을 먹으며 잠시 웃는다. 그들의 미소 안에 학창시절 순수했던 모습이 보인다. 웃음도 잠시, 싸늘한 분위기와 함께 부모들의 표정이 어두워진다. 자신들의 웃음이 사치로 여겨지기 때문이다. 돌아오지 못한 자녀들에 대한 죄스러움, 다시 돌아가지 못할 지난 일상에 대한 그리움, 하늘에 대한 원망이 사무쳐 한(恨)스런 감정을 만들어낸다.

안 목사는 요즘도 사회적 연대가 필요한 곳을 찾아간다. 따뜻한 커피로 그들을 응원하고 그들의 아픔에 공감하려 애쓴다. 자신이 나눌 수 있는 건, 따뜻한 커피 한 잔이기 때문이다.

생활신앙공동체를 꿈꾸는 골목교회

"저에게 교회는 생활신앙공동체입니다. 예배를 넘어 신앙을 가지고 함께 생활하는 공동체라고 생각합니다. 함께 노동도 하며 서로의 삶을 세워가는 모임입니다. 여기서 목사의 역할은 구성원들이 자신의 욕망과 한계를 인식하고 제어할 수 있도록 돕는 것입니다. 그러기 위해 타인의 삶을 지배하지 않고 함께 살아갈 수 있는 지혜를 지닌 영성의 전문가가 되어야 합니다."

도시에서 수도원의 생활방식을 수용하긴 현실적으로 어렵다. 그러나 수도원이 지향했던 기도와 노동의 정신은 얼마든지 적용할 수 있다. 번잡한 일상으로부터 분리된 수도원보다는 힘겨운 사투임이 분명하다. 예기치 못한 순간의 출현은 삶의 의미와 신의 현존을 찾기 위한 의식의 집중력을 현저히 떨어뜨린다. 일상의 영성을 지속하기에 어려운 구조와 현실임을 부정할 수 없다.

그래서 영성훈련은 함께해야 한다. 신앙공동체가 존재하는 이유 중 하나다. 사람은 혼자 살 수 없다. 서로에게 기대어(人) 설 때라야 참사람이 된다. 함께 기대는 모임이 공동체다. 건강한 주체가 되기 위해 건강한 공동체가 필요하다. 안 목사가 생활신앙공동체와 함께 작은 교회론을 강조하는 이유다. 작음 안에 존재하는 관계의 친밀성으로 서로를 보듬고 일깨우며 일상의 영성을 세워갈 수 있다고 믿는다.

안 목사는 어느 날 이런 생각을 하게 되었다. '아, 우리 교회는 골목 교회구나' 골목 교회란 단어를 떠올리니 눈물이 맺혔다. 10년이 넘는 지난 여정의 기억들이 주마등처럼 스쳐 지나갔다. 사람들이 거들떠보지도 않는 마을 안 깊은 골목에 위치한 교회. 생각해보니 예수도 골목에서 사람들을 만났다. 골목에서 죄인들을 만났고, 골목에 있는 우물에서 여인을 만났다. 유대인들이 가기 싫어했던 사마리아 골목도 거침없이 오갔다. 경건한 사람들은 들어가지 않았던 불경한 자들의 집에도 예수는 서슴지 않고 찾아가 함께 먹고 마셨다. 그렇다. 예수는 골목에 있었다. 골목에서 사람들을 만났다. 안 목사는 말한다.

"지하주차장에 고급차를 세워놓고 헌금을 하는 교인들만 만날 것이 아니라, 길거리에 나가서 예수가 만났던 길 위의 사람들을 만나야 합니다. 그들의 흔들리는 발걸음을 붙잡아 줘야 합니다. 그들의 고된 삶에 동반자가 되어야 합니다. 그 길은 부활한 예수를 만나는 길이기도 합니다. 저는 이 골목에서 부활한 예수를 만났습니다."

그리스도인에게 돈이란

노동이란 삶의 본질에 충실해 스스로 자립하는 것은 창조주의 뜻에 순응하는 일이다. 돈 이면에 있는 노동의 가치를 생각하며 돈을 벌 때 돈에 대한 건강한 철학이 정립될 것이다.

그리스도인에게 일이란

노동의 소외가 일상이 되었다. 산업혁명 이후 인류에게 노동은 재화 획득의 수단으로만 전락했다. 성서가 고백하는 노동은 재화 획득의 수단을 넘어선다. 창조하는 하나님은 노동하는 신이다(창1:1,27,31, 창2:7-8). 기다림과 질문, 상상력과 설렘을 가지고 노동하며 세상을 창조한다. 하나님은 노동을 통해 자기를 표현하고 즐거움을 표현한다. 피조 세계와 관계하며 소통의 기쁨을 누린다. 그렇게 성서는 노동을 생존 수단으로, 자기표현과 자기이해, 서로를 세워주는 관계의 도구로 정의한다.

그리스도인에게 교회란

교회는 생활공동체다. 말 그대로 함께 먹고 마시고 노동하며 살아가는 모임이다. 생활공동체는 예배공동체를 넘어선 경제공동체이기도 하다. 일자리가 없는 이들에게 노동의 자리를 마련해주고 함께 현실을 고민하며 밥을 먹는다. 일상의 순간 속에 함께하는 하나님의 사랑과 은혜를 노래한다.

오재호

교회가 사회문제에 관심을 가져야 한다고 말하는 목사가 있다. 예수의 행적에서 찾아볼 수 있듯이 고통 받는 이들의 문제에 관심을 갖고 그들과 함께 아파하고 기뻐하기 위해 일터에서 노력하는 한 명의 신앙인이 있다. 오재호 목사다. 나음과 이음이라는 디자인 회사를 운영하며 일터를 예배터와 목회현장으로 여기며 주어진 삶의 현실 안에서 하나님 나라를 실현해 가고 있다.

교회야, 그건 구조의 문제야

유기적 존재, 유기적 세상

사람인(人), 서로에게 기대어 존재하는 유기적(有機的) 존재. 그렇다. 인간은 존재 자체가 관계다. 보이지 않고 의식하지 못할 뿐, 지금 이 순간도 '나'란 존재는 타자와의 관계 안에서 존재한다.

유기적 관계로 존재하는 생명은 신이 창조한 생명의 본질이다. 그러나 인간은 보이지 않은 끈으로 연결된 사실을 망각한 채 살아간다. 이웃의 아픔, 이름 없는 생명들의 고난이 자신의 고난과 아픔인지 모른다. 외면당한 누군가의 슬픔, 닦아주지 못한 눈물이 나의 슬픔과 눈물이 될 것이란 자연의 순리를 깨닫지 못한 채, 오늘도 나만을 위해 살아간다.

종교(religion)는 떨어져 있던 본질적인 그 무엇과 다시 묶어주는 역할을 한다. 분리가 아닌 통합으로, 배척이 아닌 포용과 환대로 인간존재와 피조 세계의 관계를 회복하게 한다. 세계관의 변화를 일으켜 개인의 문제를 우리의 문제로 여기게 한다. 개인의 고통을 구조적 관점에서 바라보며 문제 해결을 위한 사회적 방법을 모색하게 만든다.

개인의 고통을 바라보는 한국교회의 시선은 어떠한가? 고통의 원인을 믿음 없음의 결과 해석하며 좀 더 열정적인 예배와 기도를 강요하고 있지 않은가. 이 땅의 삶은 죽어서 가는 천국을 위한 통과의 여정이며 진정한 기쁨은 이 땅에 존재하지 않기에 세상과 현실을 외면하고 종교에 집중하라고 가르치지 않던가.

다시 예수를 보자! 예수의 가르침은 현실을 향해 있다. 너희들이 이렇게 살아간다면 하나님 나라를 누릴 것이라 말하고 있다. 우리가 아는 교리적 가르침보다 훨씬 더 사회적이고 정치적인 메시지로 당시 민중들을 일깨웠다. 스스로를 부정하다고 여기며 삶과 존재를 부정하는 개인에게 구원을 선포했다. 당시 종교인들의 세계관에 정면으로 대항하며 힘없는 개인의 고통은 개인의 문제를 넘어 구조의 모순에 영향받고 있음을 일깨웠다. 지금 이 순간, 우리가 살아가는 생의 현실에서 일궈가야 할 복음이 무엇인지 선포했다.

교회가 사회문제에 관심을 가져야 한다고 말하는 목사가 있다. 예수의 행적에서 찾아볼 수 있듯이 고통받는 이들의 문제에 관심을 갖고 그들과 함께 아파하고 기뻐하기 위해 일터에서 노력하는 한 명의 신앙인이 있다. 오재호 목사다. 디자인 회사, 나음과 이음을 운영하고 있다. 일터를 예배터와 목회 현장으로 여기며 주어진 현실 안에서 하나님 나라를 실현해가고 있다.

교회야, 그건 구조의 문제야

"부목사 생활을 하던 중, 미래에 대해 고민하기 시작했습니다. 늘어나는 교회와 목사의 수, 그에 비해 감소하는 종교인구. 이런 교회 구조 안에서 도태된 목사들의 삶은 누가 책임져줄 수 있을지 묻게 되었습니다. 믿음이 부족하고 기도를 많이 하지 않아서 찾아오는 혼란이 아니었습니다. 그것은 개인의 문제가 아닌 구조의 문제로부터 발생하는 현상이었습니다."

편의점보다 많은 교회, 넘쳐나는 목사들. 수요와 공급의 법칙으로만 보아도 구조적 한계에 도달한 한국교회의 현실을 인정할 수밖에 없다. 그러나 여전히 교회는 목회자 수급과 생존 문제를 개인의 문제로만 이해하려 든다. 오 목사는 부목사 시절, 미래를 고민하며 교회 구조에 대한 문제의식을 갖게 되었다. 교회는 부목사들에게 열정과 희생을 요구했지만 노동에 대한 가치와 생존에 대한 책임은 회피하고 있었다.

문제의식을 느낀 오 목사는 교회에 문의했다. 월급 책정기준과 향후 처우에 대한 계획을 물었다. 답변이 없었다. 특별한 계획과 기준이 명확히 세워지지 않았다는 의미였다. 목사의 노동력은 교회 안에서 소비되고 있었다. 그러나 처우엔 무관심했다. 무언가 정상적으로 돌아가지 않고 있음을 인식했고 의구심을 갖게 되었다.

여전히 교회는 기도와 은혜를 강조했다. 그렇게 기도와 은혜 안에서 새로운 임지를 찾아가는 목사들도 있었다. 든든한 후원자가 있거나, 실력이 출중하고 유명세가 있는 목사들은 어려운 교회 현실 속에서도 굳건히 살아가고 있었다. 문제는 이런 사람들이 많지 않다는 것이다. 대다수의 목사들은 불투명한 미래와 열악한 경제상황 속에서 허우적대며 살아야 했다. 오 목사는 물었다. '기도해서 잘 가면 은혜인가? 내가 새로운 임지에 부임함으로 다른 목사는 가야 할 임지를 잃어버리지 않는가? 이웃의 삶에 대한 관심이 없는 기도와 은혜가 기독교 신앙이 고백하는 진정한 은혜인가?' 오 목사는 기도와 은혜로 모든 문제를 해결하려는 얕은 교회의 답변이 불편했다. 깊이 생각할수록 예수의 가르침과는 동떨어진 문화였다.

2012년 12월, 오 목사는 교회를 사임했다. 그는 사역했던 교회를 좋은 교회로 추억한다. 훌륭한 인격을 소유한 담임목사와 교인들의 사랑을 기억한다. 그가 교회를 사임한 이유는 엄밀히 말해 개인의 문제가 아니다. 교회 구조에 대한 한계와 문제의식 때문이다. 건강한 목회와 교회, 한 명의 그리스도인이 되기 위해 새로운 길을 찾아야 할 시점이라고 판단했기 때문이다.

처음 겪게 된 절망감

매주일 교회에서 설교를 했다. 교회를 나온 뒤 가야 할 교회도, 서야 할 강단도 없었다. 일상의 습관, 익숙했던 것들과 결별은 두려운 일이다. 오 목사는 지난 삶의 이력과 이별하며 당황하는 자신을 목격했다. 어린 시절부터 신학생과 전도사, 목사의 시간을 보내며 알게 모르게 대우받으며 겹겹이 쌓여 있던 우월의식과 교만을 보았다. 교회 안에서 목사는 권력을 가진 존재였다. 그러나 교회 밖 세상에서 오 목사는 목사가 아닌 수많은 무리 가운데 한 사람이었다. 사회는 그를 특별하게 대접해주지 않았다. 교회와 세상은 달랐다. 한꺼풀씩 벗겨지는 느낌이었다. 그런데 이보다 더 쓰라린 아픔이 기다리고 있었다. 살아야 할 집이 없었다. 오 목사는 전세대출을 위해 은행에 갔다.

> "교회가 제공해주는 사택에서만 살다가 교회를 사임하니 가야 할 집이 없었습니다. 집을 얻기 위해 대출을 받아야 했습니다. 은행에 갔습니다. 목사 신분으로는 대출을 받을 수 없었습니다.

큰 좌절이었습니다. 목회 이외에 현실문제들에 무지했습니다. 대다수의 사람들이 인간 삶의 기본 단위인 거주 공간 때문에 겪고 있는 아픔을 이제야 경험한 것입니다."

그토록 이웃사랑을 외쳤지만 이웃의 삶과 현실을 외면했던 지난 목회의 여정. 교회 안에서만 작동되고 교회 안에서만 이해되는 설교는 넘쳐났지만 현실 속에서 겪고 있는 아픔의 이야기들엔 무지했다. 오 목사가 교회의 담장을 넘어 현실로의 여행을 시작하며 처음 겪게 된 절망감이다.

첫발을 내디딘 오 목사에게 사회는 충격과 공포 그 자체였다. 밑바닥이 없는 무중력 상태였다. 정신적, 물질적 지지기반이 없었기 때문이다. 혼란 속에서 개척에 대해 고민도 했다. 대출을 받고 임대료를 지불하며 상가교회를 유지하는 방식은 새로운 길을 찾기 위해 떠난 여행의 목적과 맞지 않았다. 지인들에게 후원을 받으며 교회를 개척하고 싶지 않았다. 짐이 되고 싶지 않았다. 오 목사가 찾은 길은 '자립(自立)'이었다.

가족의 생존을 위해 집이 필요했다. 먹을 것이 필요했고 입을 것이 필요했다. 돈을 벌어야 했다. 오 목사는 새로운 도전을 위해 다양한 사람들을 찾아갔다. 고민을 나누고 길을 물었다. 징검다리를 건너듯, 한 걸음, 한 걸음 발을 내디뎠다. 침대 머리맡

의 작은 책상 위에 오래된 컴퓨터 한 대를 놓고 일하기 시작했다. 그렇게 시작된 노동의 여정이 하루, 하루 쌓이면서 나음과 이음이란 디자인 회사가 세워졌다. <나음은 더 나은(better), 그리고 병이 낫다(healing)를 의미한다. 이음은 연결을 뜻한다. 나음과 이음은 하나님과 이웃, 개인의 관계회복을 통해 더 나은 삶, 하나님 나라를 실현해가는 회사다.>

> "밤을 새우며 한 달 동안 열심히 일했습니다. 한 달 수익이 50만 원이었습니다. 허탈했습니다. 노동에 대한 대가가 너무 적었기 때문입니다. 십일조에 대한 고민이 생겼습니다. 경제력이 약한 가정에게 십일조는 부담으로 다가옵니다. 이런 상황에 처한 이들에게 십일조를 강요하실 하나님은 아니셨습니다."

처음 시작한 일은 녹록지 않았다. 다른 사람의 지갑을 여는 일은 생각처럼 쉽지 않았다. 지금까지 목회만 해왔던 오 목사에게 사회는 냉담함으로 첫인사를 건넸다. 한 달 동안 최선을 다했지만 수익은 노력과 비례하지 않았다. 한 명의 인간으로, 노동자로, 개인사업자로 느낄 수 있는 고충을 겪어가며 사회생활에 적응해갔다.

경제활동을 시작하며 십일조에 대한 물음을 갖게 되었다. 적은 수익 앞에 신앙과 현실은 갈등했다. 교회 언어 안에서 십일조는 만사형통의 통로였다. 그러나 현실 경제 앞에서 십일조는 부담스러운 종교행위였다. 내면의 갈등 속에서 오 목사는 십일조를 향한 하나님의 뜻을 찾기 시작했다.

구약이 고백하는 십일조는 스스로 설 수 없는 사회 약자들을 위한 보호장치였다. 일종의 세금이었다. 정치와 종교가 분리되지 않았던 고대사회 안에서 십일조는 신에게 드리는 신앙고백의 수단이자, 사회 약자들을 배려하고 책임지는 방편이었다. 교회가 말하는 만사형통의 수단으로의 십일조는 아니었다. 그와 같은 십일조는 맘몬이란 우상이 원하는 십일조였다. 십일조가 주는 복은 채움보다 비움에 가까웠다. 욕망과 물질의 노예로 살지 않겠다는 다짐과 의지. 나만을 위한 삶이 아니라, 가난한 이웃들의 고난에 동참하는 자비의 실천이었다.

다시, 목회를 묻다

"회사를 운영하면서 세상을 보는 눈이 달라졌습니다. 경제구조의 흐름, 일상을 살아가는 사람들의 문화와 의식의 움직임, 외

부에서 바라보는 교회와 기독교 신앙 등. 삶의 자리에 변화가 찾아오자, 다양한 물음들이 차올랐습니다. 당연히 맞는다고 생각했던 삶과 신앙의 이야기들이 다르게 보였습니다."

시선의 고착은 의식의 패착으로 이어진다. 의식의 패착은 존재의 확장을 가로막고 일상을 고루하게 만든다. 여행은 시들어가는 존재와 일상에 활력을 불러일으킨다. 밀착된 시선에서 탈출해 비틀어진 각도로 삶과 존재를 바라보게 한다. 일상에 대한 새로운 해석, 새롭게 발견된 존재의 이야기는 사람과 삶을 성숙시킨다. 자신을 구속하는 집착의 주제들로부터 자유와 해방을 누리게 한다.

거리가 필요한 이유다. 건강한 사유는 건강한 거리에서 비롯된다. 왜곡된 신앙과 삐뚤어진 삶은 여백 없는 시선에 기인한다. 세상을 향한 여행을 시작한 오 목사는 여행이 주는 시선의 변화를 경험했다. 당연히 여겼던 신앙과 삶의 이야기가 낯설게 보였다. 구조적 관점에서 교회와 신앙, 목회의 이면을 바라보기 시작했다.

내면에서 차오르는 그의 질문들은 개념과 논리, 진영의 관점에서 비롯된 물음은 아니었다. '생명'이었다. 예수의 하나님 나라가 지향하는 생명을 삶에서 경험하고 살아내는 것. 동시에 누군가의 생명을 살리는 일이란 무엇인지에 대한 물음이었다. 교회와 목회, 예배와 예배자, 일터 안의 그리스도인. 명확한 답을 내리기보다 삶의 정황들이 던져주는 물음들과 일상의 반응을 짊어지고 예수의 길을 다시 살폈다.

> "예배의 본질을 물었습니다. 예수를 묵상하고 오감을 사용해 하나님과 상호 교감을 합니다. 시각을 통해 말씀을 읽고 하나님과 이웃을 바라봅니다. 같이 모여 밥을 먹으며 미각의 기쁨을 누립니다. 후각을 통해 공간의 향취를 느낍니다. 살갗의 스침을 통해 촉각의 살아있음을 경험합니다. 서로의 이야기와 찬양의 소리를 귀로 들으며 마음에 새깁니다. 이처럼 함께 모여 하나님을 이야기하고 감각을 통해 초월을 누릴 수 있다면 그곳이 어디가 되었든, 어느 요일이 되었든 예배의 자리가 될 수 있다고 생각했습니다."

제도적 교회의 형태를 벗어나 노동의 자리에서 교회와 예배를 묻기 시작한 오 목사. 새로운 자극과 상상력으로 새로운 형태의 교회를 꿈꿨다. 이중직 목사들이 함께하는 교회, 설교를 벗어난 교회, 주 중에는 열심히 일하고 주말엔 밥 먹으며 하나님을 이야기하는 교회는 어떨까? 그는 자신의 엉뚱한 상상력을 실행에 옮기기 전, 신학교 시절 논문 지도 교수를 찾아갔다. 신학적 근거를 찾기 위함이었다. 논문 지도 교수는 오 목사에게 흔쾌히 답해줬다. "왜 안 돼? 당연히 가능하지!" 그렇게 몇몇의 전문인 사역자들과 뜻을 합해 모임을 만들었다. 몇 년간 모임을 지속했다. 지금은 각자의 사역이 확장되면서 흩어졌다. 그러나 여전히 오 목사는 목사들의 교회를 꿈꾸며 함께 삶과 신앙을 나눌 길벗들과의 만남을 기다리고 있다.

일터는 예배터

"디자인 회사를 운영하는 저에게 일터는 예배터입니다. 예배는 예수를 깊이 생각하는 것입니다. 생각의 끝에서 만나는 깨달음을 삶으로 하나, 둘 옮겨가는 여정입니다. 이런 맥락에서 일터는 저에게 예배터입니다. 예수의 방식대로 운영되는 회사를 만들기 위해 고민하고 기도하기 때문입니다. 어려운 부분도 있지만 회사의 구성원들과 새로운 구조를 만들어가기 위해 노력하고 있습니다."

오 목사는 일터를 예배터라고 말한다. 예수를 깊이 생각하고 그의 가르침대로 운영되는 현실의 공동체를 세워가기 위해 힘쓰고 있기 때문이다. 그가 경험한 가장 큰 어려움은 악한 구조다. 누군가를 어렵게 만드는 자본의 문화가 있다. 돈을 통해 누군가를 억압하고 착취하며 비인간적인 방식으로 자신의 배를 채우는 세력이 있다.

그가 일터에서 예배를 드리는 방식은 선한 고용주가 되기 위해 힘쓰는 것이다. 일한 만큼 보수를 주고 노동의 가치와 대가를 인정해주는 회사를 만드는 일. 그 모든 애씀의 근거는 예수의 사랑이다. 단순한 노동의 효율성과 성과의 가치를 뛰어넘을 수 있는 공동체. 서로의 부족한 부분을 채워줄 수 있는 신뢰와 관계, 사랑이 있는 회사를 만들어가는 그 모든 순간들이 오 목사에겐 예배의 자리다.

얼마 전, 오 목사는 직원들에게 변화를 선포했다. 회사가 지향하는 디자인 철학과 컬러를 과감히 무너뜨리라고. 디자인 작업을 통해 각자가 지향하는 자기만의 디자인 개성을 찾아가라고 선언했다. 경제성과 생산성의 관점에서 바라볼 때 비효율적인 경영방식인지 모른다. 그럼에도 그가 직원들에게 자율성과 개성을 강조한 이유는 무엇일까? 예수라면 어떻게 했을까?라는 질문 때문이다.

"디자인이야말로 정답이 없고 중력이 없습니다. 자기 개성과 이야기에 집중해야 좋은 결과물이 나옵니다. 경영자로서 통제하고 싶은 본능이 왜 없겠습니까? 효율적인 측면에서도 경영자 중심으로 운영되는 회사는 생산성이 높을 것입니다. 그럼에도 각자의 개성을 존중하는 방식이 예수의 방식이라고 생각합니다. 한 사람의 존재와 노동력이 수단화되지 않은 삶을 예수께서 원하신다고 믿습니다."

오 목사는 여전히 월급날을 걱정한다. 나름의 고충과 어려움이 있지만 역할과 책임, 자신의 소명에 충실하기 위해 노력한다. 그가 이토록 노동 현장에서 예수의 가치를 실현하려는 이유는 자명하다. 목사라는 정체성 때문이다. 편하게 가고 싶어도 갈 수 없는 신앙적 양심. 개인의 모남과 자존심 때문은 아닌지 스스로에게 묻기도 하지만 그럼에도 불구하고 부정할 수 없는 그가 만난 예수의 가르침 때문에 오 목사는 일터를 예배터로 여긴다. 나음과 이음을 교회로 여기며 말씀이 이 땅에 실현되는 그날을 꿈꾼다.

"예수의 가치와 경제의 가치를 함께 고민하게 됩니다. 노동, 일의 문제는 분배 문제와 함께 엮여 있습니다. 한국의 노동 현실은 생존형에 가깝습니다. 살아야 하고 버텨야 하기에 생산성을 높입니다. 성과를 내기 위해 목숨을 걸고 일합니다. 문제는 결과가 노력과 비례하지 않는다는 것입니다. 물론 성공사례도 있지요. 그러나 대다수 노동자들의 삶은 그렇지 않습니다. 기독교 회사의 정체성은 회사 안에서 예배를 드리는 것보다, 부의 문제를 함께 고민하고 경제공동체 구성원들과 부의 재분배에 대한 지혜를 모으는 것이라고 생각합니다."

그가 만난 예수는 현실 문제에 관심이 많았던 분이다. 특별히 가난한 자들에게 관심이 많았던 예수. 그는 위로와 격려만 하지 않았다. 그 당시 종교와 사회가 만들어 놓은 인식의 틀에 정면으로 도전했다. 가난과 질병은 하늘의 저주가 아닌 종교와 사회가 돌봐야 할 하늘의 선물로 여겼다. 종교가 사람을 위해 봉사하는 것이지, 사람이 종교에 봉사하는 것이 아님을 선포했다. 하나님과의 관계가 회복된 이들은 이웃을 사랑하며 사회문제에 관심을 갖고 함께 문제를 풀어가야 함을 삶으로 가르쳤다.

오 목사는 말한다. 이런 예수를 따르는 신앙공동체라면 구성원들과 함께 경제문제를 고민하고 부의 재분배를 위해 함께 투쟁해야 한다고. 무조건 순종하라는 가르침보다 어떻게 살아가고

어떻게 아름다운 세상을 만들 수 있을지 함께 고민해야 한다고.

저는 일하는 목사입니다

"선명했던 신학적 개념과 신앙에 대한 생각들이 현실을 살아가면서 흐려지는 것을 경험합니다. 성서와 상황의 끝없는 갈등 때문인지 모르겠습니다. 그런데 그 모호함과 불명확함 속에서 새로운 하나님을 만납니다. 원래부터 세상과 진리, 하나님은 인간의 생각과 언어로 포착할 수 없었습니다. 교회 안에 있을 때는 그 사실을 몰랐습니다. 이제는 생각합니다. 진정한 진리는 새로움이 아니라, 이미 있었던 일상 속 하나님 나라를 재발견하고 이해하게 한다는 것을."

삶의 자리가 다양해지고 경험의 폭이 넓어질수록 진리는 모호해진다. 존재와 삶의 이야기는 불명확해진다. 인생이 단순하지 않기 때문이다. 수많은 원인과 그물처럼 엮인 생명의 그물망은 이해와 분석이 불가능한 대상이다. 그럼에도 우리는 너무나 쉽게 하나님의 이름을 규정한다. 진리의 전부를 깨달은 것처럼 확신에 찬 언변으로 신앙을 말한다.

오 목사는 다양한 현실의 경험 속에서 작동되지 않는 신앙의 이야기를 경험한다. 감정적 확신, 개념의 명확함은 옅어진다. 그러나 언어와 관념을 넘은 새로운 하나님과 신앙을 마주한다. 일하는 목사로 살아가는 삶이 주는 선물이다. 찾아감과 물음, 다시 찾아가며 하나님과의 만남은 좀 더 친밀해진다. 밥을 먹고 차를 마시는 시간들, 사람을 만나고 이웃과 대화하는 순간 속에서 하나님의 숨결을 느끼기 위해 감각을 열어 놓는다.

그는 일하는 목사라는 표현을 좋아하지 않는다. 마땅히 담아낼 단어가 없기에 일하는 목사, 이중직 목사라는 단어를 사용한다. 오 목사는 일과 목회를 분리하지 않는다. 그에게 노동은 그 자체로 이미 목회다. 일터가 부르심의 처소이고 선교지다. 그에게 목회지 혹은 선교지란 지금 이 순간, 자신에게 주어진 삶의 자리다. 특별한 곳이 따로 있지 않다. 특별한 목회, 우월한 목회의 거룩한 영역도 없다. 각자에게 주어진 소명의 자리에서 최선을 다해 살아갈 뿐이다.

그가 만난 하나님은 다양한 방식으로 일하는 분이다. 획일화된 형태로 일하지 않는 분이다. 그렇기에 다양한 형태의 교회와 개성 넘치는 일꾼들을 세워 당신의 나라를 세워간다. 그에게 이중직 목회는 필수가 아니다. 모두가 이중직 목회를 감당할 필요는 없다. 각자의 자리에서 자신의 몫에 충실하면 된다. 다만 스스로의 삶을 최상위에 놓고 자기중심주의와 우월주의에 빠지지 않도록 자기성찰의 끈을 놓지 말아야 한다.

오 목사의 여행은 현재진행형이다. 그가 꿈꾸는 여행의 최종 목적지는 어디일까? 글쎄, 자신도 모른다. 지금까지 그래왔던 것처럼 지금 이 순간과 주어진 일상에 충실할 뿐이다. 그는 지난 여정이 선물해준 흐릿함이라는 시선의 변화를 경험하고 있다.

흐릿함이란 명확했던 구별의 장벽들이 허물어지는 영적 성숙을 의미한다. 교회와 세상이라는 구별의 장벽, 큰 목회와 작은 목회라는 구별의 장벽, 일과 목회라는 구별의 장벽, 귀하고 천한 일이라는 구별의 장벽. 이 외에도 수없이 세워진 구별의 장벽들이 허물어지고 있다. 견고했던 장벽의 틈 사이로 오가는 생명의 숨결과 빛의 이야기들이 그의 영혼에 새로운 자유와 해방을 허락해준다. 그는 행복한 사람이다. 구별짓기를 포기하고 존재 자체로 교회인 사람들과 함께 살아가고 있기 때문이다.

그리스도인에게 돈이란

악한 구조의 현실을 마주하고 분석해야 한다. 돈의 사용을 위해 고민해야 한다. 불의한 구조로 돈을 벌지 않기 위해 깨어있어야 한다. 정직한 납세를 위해 최선을 다하고 통장을 투명하게 사용해야 한다. 공평과 정의를 이루기 위한 나눔엔 기쁨과 소명으로 동참하자!

그리스도인에게 일이란

자본주의 사회 안에서 일의 문제는 분배의 문제와 연계해 생각해야 한다. 그리스도인 경영자라면 더욱 그렇다. 그리스도의 사랑을 고백하면서 분배에 인색하다면 성찰해야 봐야 한다. 예수의 사랑을 묵상하며 억압과 착취의 문화에 항거해야 한다.

그리스도인에게 교회란

교회는 예수를 따르는 자들의 모임이다. 예수를 보라! 그는 현실 문제에 관심을 갖고 가난하고 소외된 이들의 고난에 동참했다. 개인 내면과 교회 유지, 죽어서 가는 천국에 국한된 세계관에서 벗어나 현실 문제를 함께 고민하며 이 땅에 하나님 나라를 실현해가기 위한 길을 교인들과 모색할 수 있는 교회가 되어야 한다.

황정현

교회를 넘어 세상에서 예수를 따르는 제자의 길을 모색하는 이가 있다. 제자도연구소 황정현 목사다. 다양한 사회와 교회 현실을 탐구하며 지금 우리 시대의 제자 됨의 길을 찾고 있다. 다양한 실험과 실천, 만남을 통해 제자의 삶을 구체화시키기 위해 노력하고 있다. 평일에는 노동과 신학연구를 병행하고 주일에는 도시공동체교회 모임을 인도하고 있다.

지금, 제자로 살아가기

제자?

제자라면 스승이 있을 것이다. 제자라면 스승을 따를 것이다. 교회 안에서의 스승은 예수다. 그렇다. 교회 안에서의 제자는 예수를 따르는 자다. 스승의 가르침에 순종하며 그가 걸어간 길을 따라 걷는 이가 제자다. 지극히 상식적인 정의다. 스승의 가르침을 깨닫기 위해 경전을 공부하며 교리를 배운다. 종교제의에 참여하고 개인 수행으로 몸과 마음을 닦는다. 이 모든 행위의 궁극적 목표는 스승의 가르침을 따라 깨달음을 얻기 위해서다.

제자란 말을 살피니 이 단어가 지닌 엄중함을 다시금 느낀다. 동시에 나는 제자인지 묻게 된다. 물론, 완벽해야만 제자는 아니다. 기독교는 은혜의 종교다. 인간의 노력만이 아닌 하늘의 값없는 사랑에 의지해 제자의 길을 걷는다. 문제는 제자도의 내용이다. 어떤 예수를 믿고, 어떤 예수를 따르는지에 대한 물음이다. 예배당과 일상의 불연속성. 주일과 교회 안에서만 통용되는 예수라면 그 진리는 반쪽짜리 진리일 것이다.

교회를 넘어 세상에서 예수를 따르는 제자의 길을 모색하는 이가 있다. 제자도연구소 황정현 목사다. 다양한 사회와 교회 현실을 탐구하며 지금 우리 시대의 제자 됨의 길을 찾고 있다. 다

양한 실험과 실천, 만남을 통해 제자의 삶을 구체화시키기 위해 노력하고 있다. 평일에는 노동과 신학연구를 병행하고 주일에는 도시공동체교회 모임을 인도하고 있다.

한국교회의 한계를 마주하다

"한국의 대표적인 기독교 기업에서 2년간 사목으로 사역을 했습니다. 제자에 대한 본격적인 물음은 이곳에서부터 시작된 것 같습니다. 사목의 역할 중 하나가 신앙상담입니다. 회사 직원들의 이야기를 듣다 보니 부조리한 사회 현실, 내면의 어려움, 교회생활과 직장인의 삶을 힘겨워하는 이들을 자주 만났습니다. 자연스럽게 물음이 떠오르더군요. 치열한 현실에서 제자로 살아가는 삶이란 무엇일까?"

하나님은 아브라함에게 '떠남'을 요청하신다. 또렷한 목적지와 방향을 알려주지 않으신다. "길을 떠나라, 그리하면 보여주겠다.(go to the land and I will show you, NIV)" 인생은 내일을 모른 채 떠나는 여행이다. 신앙도 그렇다. 하나님에 대한 뚜렷한 믿음과 인식이 있기에 하나님을 믿는 것이 아니다. 모호하고 불명확하지만 막연한 끌림으로 하나님과 사랑에 빠진다. 그렇게 흔들리는 신앙의 여정을 통해 하나님을 알아간다.

'떠남'은 물음으로부터 시작된다. 정답이라 여겼던 자신만의 경험과 세계관에 균열이 일어날 때 새로운 이해와 지적 갈망 혹은 영적 목마름을 해결하기 위해 기존의 체제를 떠나게 된다. 새로운 인식의 확장과 더 넓은 세계를 만나기 위한 영적 순례가 시작된다.

황 목사의 떠남은 교회를 넘어 세상의 한복판에서 치열하게 살아가는 교인들과의 만남에서부터 시작되었다. 신학교와 제도권의 교회 안에서는 실현될 것 같았던 말씀이 사회 현실에서 더 이상 작동되지 않는 모습 앞에 절망하는 신앙인들을 바라보며 세상과 교회를 다시 들여다보기 시작했다.

황 목사가 사목으로 있던 회사는 한국교회가 배출한 신화적 회사였다. 이곳에 근무하는 이들 역시 1990년대 ~ 2000년대 초반까지 복음주의가 낳은 신앙의 엘리트 요원들이었다. 그럼에도 불구하고 황 목사는 교회 안에서만 통용되고 사회에서는 적용될 수 없는 이원화된 신앙에 한계와 아쉬움을 느꼈다.

"한국교회의 부흥 성장은 한국 사회의 구조적인 부분과 밀접한

관련이 있습니다. 경제성장과 맞물려 다양한 도전과 발전, 성장을 이룰 수 있었습니다. 좀 더 쉽게 말해 기회도 많았고 자리도 많았습니다. 그러나 이 시기 성공을 이룬 목사들은 성공의 여부를 구조의 관점보다 개인이 지닌 믿음의 문제로 해석했습니다. 종교활동에 대한 개인의 열정과 헌신이 성공과 연결된다고 설교했습니다. 여전히 이와 같은 입장이 한국교회 주류 강단의 논리입니다."

신앙을 가지고 직장생활을 하는 이들이 지닌 가장 큰 어려움은 '박탈감'이었다. 황 목사가 사목으로 사역했던 회사는 믿음을 가지고 최선을 다하면 좋은 성과와 실적을 이뤄낼 수 있다는 분위기로 충만했다. 그런데 이런 삶은 특정 소수의 이야기였다. 대다수의 회사 구성원들은 자신들이 꿈꾸는 성공신화를 이루지 못한 것에 대한 상대적 박탈감에 시달렸다. 이미 그 회사는 새로운 성공신화의 단계를 이룰 수 없는 곳이었다. 새로운 성장과 성숙을 위한 변화를 요청받는 상황이었음에도 여전히 그 안에 있는 사람들은 창업 초기에 이룬 누군가의 성공신화를 꿈꾸고 있었다.

황 목사는 386세대(30대이면서 80년대 대학을 다녔고 60년대

출생한 세대) 이후부터는 한국사회 전반적 구조의 한계가 왔다고 말한다. 전반에 걸친 사회영역에 인력은 넘치고 자리는 부족하다는 해석이다. 그에 의하면 386세대 이후 세대는 비정규직과 알바를 운명처럼 받아들여야 하는 사회 구조 안에 살고 있다. 이런 구조의 한계 상황을 개인 믿음과 능력의 부족으로 치환시키는 것은 신앙인들을 더 큰 고통으로 몰아넣는 일이다.

> "새로운 성공과 성취를 이루지 못한 채 맡겨진 일도 제대로 못하고, 승진도 못한 채 안 좋은 평가만 듣는 직장생활에 대한 회의감에 깊게 빠진 이들이 많았습니다. 저는 그 지점에서 한국교회가 잘못 가르쳤다고 판단했습니다. 이것은 분명 개인의 문제를 넘어 구조의 문제에서 오는 아픔이었기 때문입니다. 구조의 문제를 개인의 문제로 치환했을 때 개인의 내면과 삶은 참혹해집니다."

사목활동을 하면서 만난 사람들의 모습, 그들은 승진과 성과를 믿음의 문제로 해석했다. 회사에서 맡은 자신의 역할과 위치 안에서 하나님 나라의 가치를 어떻게 적용할지에 대한 관심은 부족했다. 오로지 성공과 성장, 성과에 대한 관심뿐이었다. 황 목사는 이런 현실을 마주하며 1990년대 한국교회에서 주창했던 말씀과 하나님 나라에 대해 전체적인 의문을 품게 되었다.

제자의 길을 묻다

황 목사는 외부자의 시선으로 한국교회를 보기 시작했다. 내색하지는 않지만 일상에 적용할 수 없는 주일의 말씀이나 공감능력을 잃어버린 교회 문화에 힘들어하는 교인들을 돌보기 시작했다. 이런 힘겨움을 말하는 이들의 공통점은 직장과 교회라는 두 개의 회사를 다니는 느낌을 토로한다는 것이다.

> "한국교회의 전반적인 태도는 교인들을 돌봄의 대상보다는 성장주의, 외형주의를 이뤄가는 일꾼으로 본다는 것입니다. 일꾼은 노동을 하는 사람들입니다. 노동의 외형적 모습보다 무엇을 위한 노동인가를 물어야 합니다. 교회 안에서의 봉사가 예수가 전한 하나님 나라와 어떤 상관관계가 있는지, 그 노동이 왜곡된 진리를 강화시키는 수고는 아닌지 성찰해야 합니다."

나 역시 그랬다. 중, 고등학생 시절 다녔던 교회는 재밌었다. 부흥사들의 설교를 맹목적으로 믿었다. 차오르는 의심은 기도와 믿음의 부재로 여기며 더 열심히 종교활동에 몰입했다. 신학교에 입학한 후 신학을 공부하며 다양한 시선으로 기독교 신앙을 바라보게 되었다. 나름의 비판력이 생기며 묻기 시작했다. '교

회 안에서의 종교행위와 봉사, 헌신이 예수의 하나님 나라와 무슨 관련이 있는가?'

어찌 보면 예수의 가르침에 관심 없는 이들이 많을 것이다. 교회공동체가 주는 관계의 만족도, 쉽게 경험할 수 없는 화려한 무대와 조명 앞에 서는 설렘, 저렴한 가격으로 이용할 수 있는 문화시설, 영업을 위한 관계 형성에 교회만큼 좋은 곳도 없다. 예수의 진리 그 자체에 대한 갈망이나 종교생활보다 비본질적인 요소들을 신앙의 본질적 요소로 착각하는 교인들이 예배당에 많다.

내용은 차치하고 이제 상황이 어렵다. 소수의 대형교회들을 제외하고 많은 교회들이 교인들의 감소를 경험하고 있다. 그럼에도 보이는 외형과 성장을 유지하기 위해 관성적으로 유지했던 프로그램들을 버리지 못한다. 기계적으로 유지하려 든다. 많은 일들이 교인들에게 집중되는 중요한 원인이다. 황 목사는 이런 한국교회 상황에 대한 문제의식을 느끼며 예수가 말한 일상의 자유와 해방을 위한 목회적 돌봄을 고민하며 제자도연구소를 설립했다.

"저의 화두는 '제자도'입니다. 한국교회 안에서 제자란 말을

습관적으로 사용합니다. 제자의 삶을 일상에서 살아내는 것에 대한 관심이 약합니다. 저도 제도교회 안에서 사역할 때 예수의 초상에 많은 관심을 두지 않았습니다. 복음서에 기록된 역사적 예수는 어떤 삶을 살아갔을까? 1세기 사람들에게 예수는 누구였을까? 라는 질문을 의외로 많이 하지 않았습니다."

황 목사는 예수의 초상을 발견하고 마주하기 위한 방법으로 '학습'을 제안한다. 여기서의 학습은 함께 읽고, 묻고, 생각하는 공동체적 학습이다. 특별히 황 목사는 성서 공부와 동시에 사회적 학습에 대한 교육도 병행해야 한다고 말한다. 황 목사가 제자도연구소를 통해 추구하는 돌봄 역시 학습의 형태다. 스스로 고민하고 읽고 말할 수 있는 너른 마당이 되어주는 것. 스스로 설 수 있는 주체적 신앙생활을 하도록 돕기 위해 노력한다.

그가 생각하는 제자도의 개념 안에는 사회적 영역이 포함되어 있다. 그동안 한국교회는 구조와 사회에 대한 관심이 미비했다. 교회 성장과 내면의 안위, 기복주의 신앙에 빠져 일상에서 살아내야할 제자의 삶을 묻지 않았다. 그간 물었던 제자의 삶은 지극히 교회라는 제도와 체제 유지를 위한 '전도'와 '예배'에 국한되어 있었다. 황 목사가 정의하는 제자도는 교회와 세상이 연결되는 것이다. 예배와 일상이 이어지는 삶을 살아내기 위해 힘쓰는 여정 그 자체다.

노동의 자리에서 만난 예수

제자도연구소는 수익이 없는 기관이다. 지속 가능한 사역을 위해 후원구조도 고민했다. 그러나 황 목사는 누구에게도 부담이 되고 싶지 않았다. 오고 가는 모든 이들에게 편안하고 투명한 모임과 만남을 꿈꿨다. 자신도 여느 목사들처럼 욕망이 있고, 타락할 수 있는 사람이라고 여겼기 때문이다. 건강한 사역과 생존을 위해 그는 '노동'을 선택했다.

> "무작정 인력사무소에 연락했습니다. 그렇게 시작되어, 틈틈이 시간 날 때마다 노동 일을 하고 있어요. 최근에는 지인분 사업체에 연결되어 한 주에 며칠 정도 물류 쪽 일을 하고 있습니다. 이런 형태로 지내는 이유는 매이지 않기 때문이에요. 아무래도 주 중에 연구소 운영을 하려면 시간 확보가 필요하니까요."

그가 단기 노동을 선택한 이유는 자유로운 시간 운영 때문이다.

사역을 등한시 할 수 없고, 가족의 생존을 무시할 수 없는 상황에서의 선택이다. 일이 있는 날에는 노동 현장에서 삶으로 배우며 사유한다. 일이 없는 날에는 연구소에서 공부하며 돌봄의 대상들과 학습한다. 그렇게 수년의 시간이 흘렀다.

그럼에도 여전히 갈등은 있다. 목회라는 직업 자체가 어느 정도의 독서와 사유를 요구하기 때문이다. 아무래도 노동으로 인해 그 시간을 확보하는데 제약이 있다. 이중직의 양면성이다. 목회에만 몰두하는 것에 비한다면 분명 정체성의 갈등도 있다.

황 목사는 한여름 30도가 넘는 더위를 마주하며 두 달간 전기공사 보조로 일한 적이 있다. 몸과 마음이 힘겨웠다. 시원한 에어컨이 있던 사무실이 그리웠다. 약해진 몸과 마음 앞에 스스로에 대한 정체성의 물음이 차올랐다. '뭐 하고 있는 건가? 제대로 가고 있는 건가?'

"노동 현장에서의 일상은 힘겹습니다. 그럼에도 이런 여정을 지속할 수 있는 동력은 노동의 자리에서 만난 예수의 초상 때문입니다. 저는 노동의 힘겨움 앞에 절망하는 제 자신을 바라보며 욕망에 쫓기는 내면의 현실을 목격했습니다. '죄'인 것이지요. 스스로 못 견딜 정도로 몸에서 땀 냄새가 나고 먼지로 뒤덮인 모습을 바라보며 일상을 살아가는 교인들을 다시 보게 되었습니다. 동시에 세상을 보았습니다. 많은 생각과 성찰이 교차하며 그동안 나도 모르게 내재되어 있던 목사의 삶에 대한 거품이 빠지고 있음을 느낄 수 있었습니다."

성전 안이 아닌 성문 밖에서 활동했던 예수, 일상에서 보통의 존재들을 돌봤던 예수. 황 목사는 이런 예수를 노동 현장에서 만났다. 또한 황 목사는 예수의 남다른 통찰력이 목수로 살아갔던 노동경험에서 비롯되었음을 깨닫게 되었다. 그는 말한다.

"현장에서 노동자들과 함께 먹고 마시며 삶의 애환을 나누다 보니 교회 안에서 보이지 않았던 새로운 시각을 갖게 되었습니다. 예수의 통찰력도 목수라는 직업에서 시작되었다고 봅니다. 보통의 존재들과 함께 살아가는 희로애락의 경험을 통해 사회 구조적인 관점과 문제의식, 새로운 세상을 향한 희망을 품지 않았을까요?"

이론과 개념은 깨달음을 위한 촉매제다. 읽고 말하며 쓴다고 깨달은 것은 아니다. 그토록 강단에서 멋스런 설교로 깨달음을 설파하지만 삶의 현실에서 무너지는 목사들을 보라. 결국 진리

와 깨달음은 삶의 현장과 실천을 통해 드러난다.

예수의 함께 살아감은 종교적 의무감으로 인한 행동이 아니었다. 순수한 사랑이었다. 깨달음을 위해 누군가의 삶으로 침투하지 않았다. 예수에게 함께 사는 것은 사랑의 하나님을 믿는 자들이 마땅히 따라야 할 자연스러운 신앙의 결과물이었다. 예수에게 함께 살아가는 삶은 그 자체가 목적이었으며 구원을 위한 행위였다.

황 목사는 노동 현장에서 만나는 이들에게 예수와 교회에 대해 먼저 말하지 않는다. 그저 그들과 함께하는 삶을 위해 노력할 뿐이다. 그들의 아픔에 공감하고 이야기를 경청하며 함께 울어주는 것. 그 행위도 구원을 위한 행위의 일부로 믿기 때문이다.

수단화되는 정의

"사목활동을 통해 세상에 관심을 갖기 시작했지요. 그런데 사회를 향한 관심을 더욱 갖게 만든 사건이 일어났습니다. 바로 '세월호'였습니다. 사건 자체가 너무 충격적이었습니다. 무엇 때문에 수많은 아이들이 구조도 받지 못한 채 죽어야만 했는가? 납득되지 않는 답답함에 무조건 광화문 광장으로 나갔습니다. 유가족의 얼굴이라도 보고 위로라도 드리고 싶었습니다."

황 목사는 광장에서 오랜 시간 머물렀다. 사목활동을 할 때는 보지 못했던 사회의 어두운 민낯을 보게 되었다. 문제의 원인을 살피고 대책을 찾기 위해 동분서주했다. 사람들을 찾아다니며 물었다. 책을 뒤지며 공부도 했다. 이런 과정을 통해 좀 더 깊은 사회구조적 관점을 지니게 되었다. 그렇게 재형성된 관점을 신학적 언어로 표현한다면 '복음의 총체성, 구원의 총체성'이었다.

그가 삶에서 깨달은 복음의 총체성이란, 말 그대로 모든 것들이 하나로 연결되어 있다는 뜻이다. 신앙의 길, 구원의 길은 모든 삶의 요소들과 이어져 있다. 서로 떨어진 별개의 것이 아니다. 전체로 존재하며 복음의 길로 연결되어 있다. 복음을 직접적으로 전하고 말하는 것만이 전도의 방법이 아니다. 교회에 나오라는 권면만이 복음이 아니다. 아무 소리 없이 고난받는 자들과 함께 우는 행위도 복음의 일부다. 억눌린 자들의 해방과 자유를 위해 헌신하고 불의에 저항하는 일도 구원의 행위다.

황 목사는 복음의 총체성과 성서에 대한 다양한 해석학적 틀로 성서를 다시 읽어갔다. 그 안에서 예전에 발견하지 못했던 예수의 초상을 발견하고 보다 입체적인 예수의 삶을 마주하기 시작했다.

> "세월호 사건 이후, 광장에서 사람들을 만나며 한국교회의 희망을 발견할 수 있었습니다. 집단과 제도적 의미에서의 교회가 아닌, 개인으로의 교회, 시민으로의 교회로 존재하며 이 땅에 하나님 나라를 실현하기 위해 힘쓰는 이들이 많았습니다. 고난받는 이웃의 고난에 동참하는 이들. 끝내 신앙을 포기하지 않으며 신앙 안에서 자신의 고난과 아픔을 치유해가려는 이웃들의 모습 안에서 한국교회의 희망을 발견했습니다."

황 목사는 집단이 아닌 주체적으로 존재하는 개인으로의 교회를 통해 희망을 발견했다고 말한다. 그는 광장에서 한 개인이 총체적 관점을 갖게 되고 사회참여적인 의식과 활동으로 삶이 확장되는 변화를 목격했다. 동시에 새로운 과제도 발견했다. 자비를 목적이 아닌 수단으로 이용하려는 사람들이 있다는 것이다. 고통 속에 있는 이웃들에 대한 관심보다 이슈와 이벤트를 통해 광장의 권력을 소유하려는 이들이 열심히 활동하고 있었다. 정의로운 구호와 열정적인 제스처로 정의를 외쳤다. 그들은 스스로의 욕망을 성찰하지 않았다. 잘못된 방향의 열심은 아닌지 묻지도 않았다. 세월호 유가족들이 수단화되고 있었다. 이런 모습을 바라보며 황 목사는 조용한 사랑을 가르친 예수의 가르침이 떠올랐다. (마6:3)

지금, 제자로 살아가기

"하나님 나라 복음의 중심 메시지는 '생명'입니다. 가난과 돈 때문에 사람이 죽어가는 현실 속에서 예수를 따르는 이들이 실천해야 할 제자도의 중심에 자본에 대한 극복이 있습니다. 이런 맥락 안에서 어느 사회구조가 물질보다 사람과 생명을 더 중요하게 여기는지를 따져야 합니다. 자본주의가 중요한 것도 아닙니다. 사회주의가 중요한 것도 아닙니다."

돈 때문에 사람이 죽어가는 현실은 분명 문제 있는 현실이다. 사람을 사람답게 살지 못하도록 억압하는 사회는 기독교 신앙이 꿈꾸는 하나님 나라와 거리가 멀다. 황 목사의 말처럼 오늘날 예수를 따르는 이들이 지향해야 할 삶은 자본에 대한 극복인지 모른다.

그러나 이와 같은 삶은 좁은 길이다. 풍요와 안정, 안전을 갈망하는 인간의 본능을 불편하게 만든다. 자본의 중력을 제어할 수 있는 삶은 예수의 말처럼 협착하다. 그래서 누구나 제자는 될 수 있지만, 아무나 제자라 불릴 수 없다. 다시 한 번 스스로에게 묻게 된다. '나는 제자인가?' 이 질문 앞에 말씀과 기도가 떠오르는 이유는 무엇일까?

자본주의 사회 안에서 부와 행복의 기준은 상대적이다. 획일화된 상황과 수치로 자본의 영향력을 극복했는지 판단할 수 없다. 동일한 액수를 소유해도 어떤 이는 행복하고, 어떤 이는 여전히 불행하다. 행복은 마음의 영역이기 때문이다. 행복은 자신의 삶에 얼마나 자족할 수 있는가에 따라 결정된다.

황 목사가 말하는 이 시대의 제자도인 '자본에 대한 극복'의 다른 말은 '소유에 대한 한계 설정'이다. 돈은 끝없이 욕망을 부추긴다. 가질수록 목마르게 한다. 이런 돈의 속성을 알고 소유에 대한 한계를 설정할 수 있는 힘. 그것이야말로 예수에 대한 믿음에서 발현된다. 유한한 자원과 물질의 속성을 직시하고 내가 가진 만큼 누군가는 갖지 못한다는 것을 기억할 때 자발적 가난은 실천될 것이다. 이런 인생이야말로 하늘의 은혜 없이 불가능하다. 지금 우리는 이와 같은 제자의 삶을 위해 얼마나

기도하고 있는가?

황 목사가 정의하는 오늘날의 제자도는 거창하지 않다. 평범하고 소탈하다. 보통의 삶이다. 이런 삶을 방해하는 구조에 대한 문제를 인식하고 본질로의 회복을 모색하는 여정이다. 교회 안에 갇힌 예수를 해방시켜 우리가 살아가는 일상과 사회 현실 안에서도 통용될 수 있는 일상적 진리를 실천해가는 삶. 그 안에 제자의 길이 있다.

그래서 황 목사는 평범한 동네 아저씨, 잘 놀아주는 아빠가 되기로 했다. 동네 사람들과 축구 경기를 하고 아들과 PC 게임을 즐겨 한다. 얼마 전, 황 목사는 아들에게 이런 말을 들었다. "아빠 정도면 훌륭한 아빠야!" 황 목사는 말한다. "그거면 됐죠! 그 안에 이미 하나님 나라와 제자의 삶이 있으니까요."

그리스도인에게 돈이란

돈의 다른 말은 성공과 성취다. 맘몬이라고 하는 우상이 좋아하는 단어이기도 하다. 새로운 성공과 성취를 이루지 못하고 뒤처진 이들을 사목활동을 하며 많이 만났다. 이들이 경험하는 한계와 절망을 보았다. 그러나 한국교회는 모든 문제를 개인의 믿음과 능력의 부재로 돌렸다. 잘못 가르쳤다. 개인과 구조는 함께 간다. 개인의 문제로만 축소했을 때 개인의 내면과 삶은 참혹해진다. 돈의 문제 역시 그렇다. 돈은 개인의 문제만이 아닌 구조의 시선으로도 접근해야 한다.

그리스도인에게 일이란

노동의 힘겨움 앞에 절망하는 자신을 바라보며 욕망에 쫓기는 내면의 현실을 목격한다. '죄'였다. 스스로 못 견딜 정도로 몸에서 땀 냄새가 나고 먼지로 뒤덮인 모습을 바라보며 일상을 살아가는 교인들을 다시 보게 되었다. 동시에 세상을 보았다. 이처럼 노동의 자리는 많은 생각과 성찰이 교차하는 삶의 자리다. 내면의 거품이 빠지고 보다 가벼워진 자신을 만날 수 있는 신성한 기회가 노동의 현장에 있다.

그리스도인에게 교회란

교회는 학습하는 모임이다. 성서 공부와 동시에 사회적 학습에 대한 교육도 병행해야 한다. 스스로 설 수 있는 주체적 신앙생활을 위해 돕는 곳이 교회다. 한국교회는 구조와 사회에 대한 관심과 토론이 미비하다. 교회 성장과 내면의 안위, 기복주의 신앙에 빠져 일상에서 살아내야 할 제자의 삶을 묻지 않았다. 진정한 제자도는 교회와 세상을 잇는다. 예배와 일상이 이어지는 삶을 위해 함께 힘쓰는 교회를 세워가야 한다.

한진호

현란한 조명, 신박한 비트, 자유로운 몸짓으로 대변되는 클럽음악을 워십에 적용한 한진호 대표. 한 대표는 클럽, 파티 기획과 음향, 디제이장비렌탈 업체인 스톰프(Stomp)를 운영하고 있다. 한 대표는 창업하기 전 전도사로 사역했다. 신학대학교와 대학원을 졸업하고 목사 안수를 받기 위한 수련목회자(감리교 인턴십) 과정 중에 새로운 삶을 선택했다.

디제이가 된 전도사

디제잉으로 예배하기

낯설거나 익숙하지 않은 문화를 직면했을 때 감각과 인식의 충격을 경험한다. 이와 같은 경험을 '문화충격(culture shock)'이라 정의한다. 문화충격은 사회와 개인이 정의해 놓은 표준 문화에 균열을 일으킨다. 기존 체제의 안정을 원하는 이들에겐 불편한 경험이자, 경계의 대상이다. 반면 변화와 발전을 모색하는 이들에겐 신선한 충격이자, 매력적인 문화로 다가온다.

새로운 세대의 등장과 변화는 문화충격과 함께 찾아온다. 변화는 중심이 아닌 변방에서 시작된다. 스스로의 끌림에 집중하며 자기표현과 실현을 향해가는 이들의 무모한 도전을 통해 새로운 문화가 시작된다.

현란한 조명, 긴박한 비트, 자유로운 몸짓으로 대변되는 클럽 음악을 워십에 적용한 한진호 대표. 한 대표는 클럽, 파티 기획과 음향, 디제이 장비 렌털 업체인 스톰프(Stomp)를 운영하고 있다. 한 대표는 창업하기 전 전도사로 사역했다. 신학대학교와 대학원을 졸업하고 목사 안수를 받기 위해 수련목회자(감리교 인턴십)과정을 밟고 있었다.

"문득 디제잉을 해보고 싶었습니다. 장비를 구입하고 동영상을 보면서 연습했습니다. 재미있었습니다. 자연스럽게 연습량이 늘어났고, 장비도 늘어났습니다. 그러던 중 예배학 수업 시간에 새로운 예배 형태를 구상하고 시현하는 조별 과제가 주어졌습니다. 조원들과 함께 디제잉 예배를 시현했습니다. 반응도 좋았고 만족도도 높았습니다. 디제잉 예배에 대한 가능성을 본 순간이었습니다."

나만의 삶은 예기치 않은 끌림과 함께 찾아온다. 사랑의 이유를 물을 때, '그냥'이라고 답하는 것처럼. 나만의 길도 막연한 끌림을 통해 발견된다. 설렘과 두려움으로 이끄는 내면의 소리를 따라 걷기 시작한 한 대표. 그렇게 디제잉과 함께 제2의 인생을 맞이하게 된다.

디제잉 워십은 기독교인들에게 충격으로 다가왔다. 새로운 기독교 문화의 장르로 평가하는 이들도 있었다. 동시에 사탄의 음악이라며 극렬히 반대하는 사람도 있었다. 한 대표의 앞길을 운운하며 협박하는 이들도 있었다. 이들은 디제잉 워십에 대한 본질적인 질문을 던지지 않았다. 어떤 의도와 신학적 맥락 안에서 이뤄지는 예배의 형태인지 묻지 않았다. 그저 자신들과 다른 기독교 문화를 싫어했다. 예배의 본질적 요소와 비본질적 요소의 차이에 대한 신학적 논의를 외면한 채 잘못된 예배로 단정지었다.

한 대표는 디제잉 워십의 문화화를 위해 찬양과 문화에 대한 신학적 근거를 따졌다. 결론적으로 그는 디제잉 워십에 신학적 문제가 없다고 결론 내렸다. 악한 음악이 따로 있거나, 영적으로 더러운 음악 장르가 있지 않았다. 오히려 장르와 음악, 악기보다 내용과 내면의 중심이 우선이었다. 어떤 하나님을 예배하는지, 예배의 동기와 중심이 더 중요했다.

"예수가 지금 우리와 동시대의 삶을 살고 있다면, 그 당시 문화를 인정하고 향유하며 사람들과 함께 어울리셨을 것 같습니다. 평범하게 말이죠. 기독교 문화사역의 전제는 동시대의 문화를 인정함에서부터 시작되어야 합니다. 교회의 문화 중에 세상의 문화가 아닌 것이 어디 있겠습니까? 내용이 다를 뿐이죠. 본질적인 부분과 비본질적인 부분을 분별할 줄 아는 인식과 개념적 이해가 필요합니다."

사장이 된 전도사

하나님과 인간의 관계를 부모와 자녀의 관계로 빗대어 표현하곤 한다. 아이를 키우며 느끼는 부모의 심정과 입장을 성찰하며 하나님의 마음을 상상해본다. 자녀를 향한 부모의 사랑과 헌신이 이 정도인데 인간을 향한 하나님의 사랑은 얼마나 넓고 깊을까?

개인적인 체험과 고백이지만, 자녀를 바라보며 느끼는 부모 됨의 가장 큰 기쁨과 보람은 주체적으로 살아가는 자녀의 모습을 바라볼 때다. 스스로의 존재를 긍정하며 자신의 삶을 만끽하고 자기답게 살아가는 모습을 바라보며 부모는 한없는 기쁨을 누린다. 하나님의 마음도 동일하지 않을까?

한 대표는 찬양의 본질에 집중했다. 사람들의 평가와 시선보다 자기를 이해하고 표현하는 의도와 중심에 집중했다. 그렇게 디제잉을 찬양의 도구로 선택했다. 디제잉 워십을 낯설어 하는 교회 안에서 디제잉으로 찬양하는 일은 버거웠다. 활동의 제약도 있었다. 좀 더 주체적인 디제잉 워십 사역과 개인의 삶을 위해 종교인의 길을 포기하고 스톰프라는 회사를 창업했다.

> "자본금 없이 사업을 시작했습니다. 하루살이 같은 인생을 살아갑니다. 한 달 벌어서 한 달을 사는 구조입니다. 그럼에도 노

동문제에 신경을 많이 쓰려고 합니다. 이유는 신학대학원을 다닐 때 노동자들의 투쟁 현장에 참여하며 한국 사회가 지닌 노동문제의 심각성을 깨달았기 때문입니다. 지금은 노동자가 아닌 사장이 되었습니다. 노동문제에 관심을 갖는 사장이 되기 위해 노력하고 있습니다."

한 대표는 신학생과 전도사 시절 사회문제에 대해 관심이 많았다. 신학교 시절 조직신학을 전공하며 생태, 환경, 여성 등 인간의 욕망으로 인해 힘없이 죽어간 생명들, 자신의 이름을 잃어버리고 살아가는 가난한 자들을 억압하는 구조를 발견했다. 동시에 이로부터 해방되는 길은 무엇인지 물었다. 그가 만난 예수는 분명, 가난한 자들의 편이었다. 동시에 그들의 자유와 해방을 위해 투신했으며 잘못된 구조와 악의 세력에게는 저항했다.

사업을 시작하며 예수의 가치를 경영에 적용하기 위해 노력했다. 그는 누구보다 근로 기준법을 철저히 지킨다. 신앙의 가치를 경영에 적용하기 위해 최고의 관심에 '노동자'가 있기 때문이다. 그는 말한다. 좋은 사장이 되고 싶다고. 기독교 기업임에도 기독교적 가치를 전혀 실천하지 못하는 기업들의 모습을 바라보며 신앙양심에 어긋나지 않는 사업 운영을 경영의 모토로 삼았다.

"사업을 시작하면서 부동산과 관련해 정해 놓은 한 가지 원칙이 있습니다. 실제로 거주할 집을 구입하고 사업에 필요한 공간을 매입하자는 것입니다. 저에게 부동산은 투기의 영역이 아닌 필요의 영역이기 때문입니다. 이와 같은 삶은 성서의 가르침이기도 합니다. 사실 땅은 인간의 것이 아닌 하나님의 것이지요. 인간은 잠시 땅에 두 발을 딛고 살다가는 존재일 뿐입니다."

본질이란 무엇일까? 존재의 이유다. 돈이 존재하는 이유는 생명을 지탱하기 위해서다. 집이 존재하는 이유는 살기 위함이다. 집은 엄밀히 말해 재산이 아니다. 사는 공간이다. 이와 같은 존재의 이유가 전복되고 수단화될 때 세상은 어지럽고 욕망의 아수라장으로 전락한다.

한 대표는 사업을 시작하며 본질에 대해 질문하기 시작했다. 사업을 하는 이유, 부동산을 취득해야하는 이유, 경제활동을 하는 이유는 무엇인가? 경영자로 선택의 기로에 있을 때마다 본질적 질문을 던진다. '이것이 존재하는 이유는 무엇인가?' 그에게 부동산은 회사의 수익을 올리기 위한 투자의 수단이 아니다. 새로운 창조와 노동을 위한 공간이다. 그 공간의 존립을 위해 안정적인 자금과 구조를 확보해야 한다. 한 대표는 얼마 전 사무공간을 분양받았다. 비싼 임대료에서 벗어나 주체적인 공간을 만들기 위해서다. 물론, 갚아야 하는 빚이지만, 임대료보다는 경제적이며 회사가 꿈꾸는 공동체적 가치를 실현시킬 수 있는 방법이라 판단했다.

> "부의 기준은 사람마다 다릅니다. 개인적으로 과도한 부를 축적할 생각은 없습니다. 제 기준은 가족과 함께 살 수 있는 집이 있고, 일할 수 있는 사무공간과 디제잉 음악을 사랑하지만 환경이 뒷받침되지 않아 떠도는 디제이들이 활동할 수 있는 클럽을 만드는 것입니다. 물론 어떤 이들에겐 저의 바람이 큰 욕심처럼 보일 수도 있습니다."

그의 바람이 보통 사람들과는 다른 특별한 삶처럼 다가오는 이유는 무엇일까? 보통의 존재들이 살아가는 현실이 어렵다는 뜻이다. 한평생 열심을 다해 돈을 벌어도 내 집 한 채를 소유할 수 없는 현실은 절망감을 가져다준다. 인간의 기본적인 생활권인 의식주가 사치처럼 여겨진다면 그 사회는 어디론가 잘못 흘러가고 있다는 징표다.

한 대표는 여전히 허덕이는 자영업자다. 매달 직원들의 인건비를 마련하기 위해 동분서주한다. 통장의 잔고를 헤아리며 불확실한 내일에 쫓긴다. 때론 이 일을 왜했는가 묻기도 한다. 그럼에도 디제잉 음악을 사랑하고 함께하는 회사동료들과 가족들의 삶을 책임지기 위해 마음을 다잡는다.

그의 마음은 순수하다. 소유와 과시를 위한 욕심의 발로로 사업을 하지 않는다. 자기가 좋아하는 일을 하며, 함께하는 동료들과 꿈을 꾸고 사랑하는 이들을 지키는 것이다. 이와 같은 삶을 위해 필요한 것들을 채워가기 위해 사업을 한다. 한 대표의 꿈은 모든 인간이 지닌 평범한 바람일 뿐이다. 알콩달콩 나의 가족들이 편하게 살아갈 집, 즐겁게 일할 수 있는 일터, 안전하고 편하게 오갈 수 있도록 돕는 차, 맛있는 음식, 나를 표현할 수 있는 옷가지, 인간의 품위를 지키고 자족하며 살아갈 수 있는 길을 찾을 뿐이다. 그런데 안타깝다. 지극히 평범한 의식주의 바람을 성취하는 일이 꿈처럼 다가오니 말이다.

돈에 대한 이분법적 프레임

"회사가 생각보다 빠르게 성장했습니다. 평생을 교회 안에서만 있던 사람이 사업을 시작했기에 걱정하는 이들도, 격려하는 이들도 있었습니다. 그런데 외적으로 회사 규모가 커지니 부러워하면서 비난하는 이들도 생겨나기 시작했습니다. 비슷한 가치관을 가지고 있던 사람들이지만 삶의 자리가 달라지니 해석도 달라지더군요. 뭐 그럴 수 있다고 생각합니다. 그런데 한 가지 아쉬운 점은 비판의 근거가 돈에 대한 이분법적인 프레임에서 비롯되었다는 것입니다."

옛말에 사촌이 땅을 사면 배가 아프다고 했다. 같이 어려웠던 친구가 잘되면 좋은 일이지만 우리네 마음에 스며드는 시기와 질투의 마음은 어찌할 수 없나보다. 그럼에도 자신의 내면을 성찰하고 감정의 동기를 살피는 일은 참사람을 향한 수행의 여정일 것이다.

한 대표도 이런 현실을 경험했다. 신학교 시절부터 비슷한 가치관을 가지고 있던 이들의 비판이 들리기 시작했다. 그들은 한 대표를 부러워함과 동시에 자본에 물든 인생을 살아간다고 비난했다. 아쉬웠다. 자본주의 현실 안에서 예수의 가치를 실현하기 위해 고군분투하고 있는 한 대표의 중심과 구체적 일상엔 관심이 없었다. 그저 눈에 보이는 현상만으로 쉽게 판단했다. 예전보다 재력이 높아졌다고 악인으로 낙인찍힐 일은 아니었다. 삶의 이면을 묻지 않고 재력이 높아졌다는 결과만으로 한 개인의 삶을 평가 절하하는 태도는 또 다른 폭력으로 다가왔다.

한 대표의 이야기를 들으며 예수를 생각했다. 모든 이들의 친구가 되었던 예수. 그럼에도 유독 비판의 날을 세웠던 대상이 있었다. 충실한 종교인들이었다. 스스로를 거룩하다고 여겼던 이들이었다. 겉으로 보이는 행동, 입으로 나오는 내용보다 행위의 뿌리와 동기를 살핀 예수. 예수에게 중요했던 가치는 진보도, 보수도 아니었다. '생명'과 '자비'였다. 서로를 긍휼히 여기는 마음과 서로의 삶을 있는 그대로 바라볼 수 있는 시선의 평화. 그렇게 생긴 관계의 여백과 틈으로 오가는 사귐을 통해 더불어 함께 살아가는 하나님 나라를 꿈꿨다.

어느 순간, 자신을 비판하는 친구들의 소리는 성찰과 첫 마음을 되새기게 하는 선생이 되었다. 한 대표는 분주한 일상과 쫓기는 자본의 현실 앞에서 묵묵히 예수의 가치를 실현할 수 있는 기업을 만들기 위해 최선을 다하고 있다. 인간의 욕망을 자극하는 자본의 속성을 몸소 체험하며 돈의 노예가 되지 않기 위해 노력하고 있다. 이런 노력의 증거로 한 대표는 부의 분배를 위해 최선을 다한다. 업종의 특성상 초과근무시간이 많이 발생한다. 쉬고 싶어도 쉴 수 없는 상황들의 연속이다. 성수기에는 한 달에 300시간 이상 일할 때도 있다. 직원들에게 상여금과 초과 근무시간을 계산해서 월급을 지불한다.

그럼에도 현실의 고민은 여전히 남아 있다. 열심히 일한 만큼 수익을 가져가는 회사지만, 성서의 중요한 가치인 쉼(안식)을 실천하는 일이 쉽지 않다. 쉬는 회사를 만들기 위해선 직원을 더 뽑아야하지만 수입구조상 직원을 더 뽑을 수 있는 상황이 아니다. 한 대표는 올해 초, 직원들과 약속했다. 주 5일 근무를 지키도록 노력하자고. 적게 벌어가도 쉬는 날이 있었으면 좋겠다고. 성수기 때는 하루라도 쉬고 돈을 적게 가져가자고. 단순히 돈만 많이 벌어가는 삶이 아닌 삶을 누릴 수 있는 쉼도 보장할 수 있는 회사를 만들자고 독려했다.

어찌 보면 새로운 구조를 만드는 일이 더 쉬운 것 같다. 일단 무엇이라도 만들 수 있기 때문이다. 그렇지만, 옛 구조 안에서 새로운 문화를 싹트게 한다는 것은 치열한 싸움의 연속이다. 자본의 현실 안에 예수의 가치를 실현하는 것 또한 마찬가지다. 어찌 보면 바위에 계란을 던지는 형국인지 모른다. 그래서 어떤 이들은 옛 구조를 벗어던지라고 말한다.

그러나 인생은 그리 단순하지 않다. 존재와 시간의 형성, 해체는 인간의 인식과 이해를 넘어선다. 변화를 향한 각자의 몫도 다르다. 그렇게 변화를 향한 각자의 방식과 길을 걸으며 만남과 헤어짐을 반복한다. 엄밀히 말해 '모름'이 맞다. 우리가 안다고 하는 인식은 지극히 제한적이다. 변화의 시기는 하늘만이 안다. 그럼에도 우리는 자신의 방식을 세상의 중심에 놓는다. 평화와 생명, 정의를 말하면서 폭력과 권위로 세상을 변화시키려 한다.

그랬으면 좋겠다. 구조와 돈에 대한 이분법적 프레임을 인식했으면 한다. 옛 구조 안에서 새로운 문화를 만드는 이들이나, 옛 구조를 벗어나 새로운 구조를 만드는 이들이나 각자의 방식을 존중하고 이해하면 좋겠다. 내가 가는 길만이 맞고, 그 길만이 정답이라는 편협함과 우월감을 끝없이 성찰하며 함께 예수의 하나님 나라를 지향했으면 한다. 물론 불의에 대한 저항과 문제의식은 담보되어야 할 것이다. 믿음의 내용과 실천을 향한 질문과 비판은 지속되어야 한다.

무한 경쟁에서 사업하기

"무한 경쟁 사회입니다. 지구상에 생존하는 모든 종에는 약자가 존재합니다. 창의적으로, 주체적으로 살고 싶어도 그렇게 살 수 없는 약자 말이죠. 사업을 하면서 동종업계의 현실을 바라봅니다. 같은 업계에서 경쟁할 수밖에 없습니다. 자본력, 기술력, 경쟁력 등을 갖추지 못한 기업들은 도태될 수밖에 없습니다. 이런 현실에서 그리스도인으로 사업한다는 것은 무엇일까를 질문합니다. 저에게 찾아온 답은 '공생'입니다."

자연의 현실은 치열하다. 멀리서 볼 때라야 아름답다. 자연의 한복판으로 들어가면 생존을 위한 사투의 현장이다. 약육강식의 살벌한 생의 현실에서 강자와 약자의 구별은 명확하다. 반면, 인간이 인간 다울 수 있는 이유를 발견할 수 있는 지점이기도 하다. 약자를 보호하고 그들의 삶을 북돋을 수 있는 생명을 향한 연민. 자기 생명에 대한 초월은 인간만이 누릴 수 있는 영적 특권이다. 이런 가치를 실현한 이가 예수 아니던가. 모든 생명을 향한 자비의 마음과 연민으로 무장한 예수. 자기 내어줌으로 자기를 채워가는 역설의 신비를 알려준 예수.

자본의 현실은 냉정하고 치열하다. 소비자의 선택은 단호하다.

좋은 가격과 상품성을 갖춘 상품을 선호한다. 자본력과 기술력, 상품성과 독창성을 갖지 못한 자영업자들은 경쟁에서 낙오될 수밖에 없다. 살아야 한다는 절박함이 이웃을 경쟁상대로 전락시킨다. 함께 살아야 모두가 살 수 있다는 생의 근원적 가르침을 외면하게 만든다.

한 대표 역시 동종업계와의 경쟁 속에 살아간다. 동시에 그리스도인의 가치인 '공생'의 방법을 모색하고 있다. 나름의 공생을 위한 원칙도 세웠다. 첫 번째로 최저가 경쟁을 하지 않는다. 다시 말해 경쟁입찰을 하지 않겠다는 뜻이다. 마땅히 받아야 할 금액을 받아야 업계의 경제 생태계가 건강해진다고 판단했기 때문이다. 무조건 싼 가격으로 경쟁을 할 경우 업체에서 일하는 노동자의 노동가치가 하락한다. 싼값을 책정한 기업은 이윤을 창출하기 위해 노동자들의 임금을 적게 책정한다. 소비자들은 기계와 노동자들의 노동가치를 동일시하게 된다. 두 번째 원칙은 동종업계 회사와 좋은 관계를 유지하는 것이다. 최저가 입찰, 비교 견적서를 작성하지 않기, 정찰제를 운영하는 이유다. 다른 업체의 견적을 낸 후, 이것보다 더 싸게 해달라는 소비자와는 거래하지 않는다. 투명한 가격과 운영, 소신 있는 원칙으로 속고 속이는 거래가 아닌, 정직하고 당당한 거래를 위해 노력하고 있다.

상생엔 희생이 따른다. 모두가 좋기 위해 자기의 내어줌이 필요하다. 물론 상생을 위한 희생은 억지가 아닌 자발적 선택이다. 무엇 때문일까? 손해를 감수하면서도 함께 사는 삶을 모색하는 이유는? 믿음 때문이다. 함께 사는 삶이 옳다는 신념. 동시에 그 삶이 주는 기쁨을 맛보았기에 실천을 이어갈 수 있다. 한 대표 역시 그렇다. 함께 살아가는 삶이 주는 책임감이 버거울 때가 있다. 그러나 그 삶이 주는 기쁨 또한 알기에 오늘도 상생을 위한 방법을 찾는다.

교회가지 못하는 이들의 삶

"사업을 시작하면서 사역할 때처럼 열심히 교회에 나가지 못합니다. 주일에 예배를 드리는 일도 쉽지 않을 때가 있습니다. 일을 해야 하기 때문이죠. 일의 특성상 주말에도 일을 해야 할 때가 많습니다. 전도사 시절엔 이해하지 못했죠. 일주일 내내 고된 노동을 하고 심지어 토요일에도 밤을 새우며 일한 청년들에게 주일예배 참석을 강요했으니 참 혹독한 전도사였다는 생각을 하게 됩니다. 이제는 이해가 됩니다. 교회에 오고 싶어도 올 수 없는 이들의 마음을요. 제가 그렇거든요."

예수는 안식일의 존재 목적을 왜곡하는 바리새인들의 주장을 갈파하였다. 예수의 결론은 명확했다. 안식일은 생명을 살리기 위해 존재한다는 것이다. 행위보다 목적을 살피고 그 목적에 합당한 생명살림의 현실화가 우선이란 뜻이다. 반면, 바리새인들은 안식일에 이삭을 잘라 손으로 비벼 먹는 제자들의 행위를 꾸짖는다. 안식일에는 아무것도 하지 말라는 율법을 근거로 제시한다. 어디 안식일 뿐이겠는가? 예수는 안식일을 넘어 존재하는 모든 종교행위와 물질세계는 생명살림을 위한 수단이라고 말한다. 오늘날 우리의 종교는 어떠한가? 어떤 안식일을 보내고 있는가? 쉼의 시간인가? 탈진과 종교적 소비의 시간인가?

한 대표는 전도사 시절, 누구보다 열정적인 사역자였다. 복음에 심취해 있었다. 담당 부서의 학생들과 청년들이 교회 문화에 잘 적응하도록 열심을 다해 도왔다. 그들이 예수를 깊이 알기 원했다. 깊었던 종교에 대한 열정만큼이나 주일예배와 종교활동을 권면했다. 그러나 그들의 일상과 내면의 상태까지는 면밀히 살피지 못했다. 사역자 중심의 패러다임을 벗어날 수 없었기 때문이다. 밤을 지새우며 일한 청년들에게 잠을 아끼며 예배를 드려야 한다고 강요했다. 오기 싫은 이들의 마음을 헤아리고 그들의 이야기를 경청하기보다 종교생활에 심취하지 못하는 그들의 삶을 이해하지 못했다.

삶의 자리가 바뀐 후 한 대표는 전도사 시절만큼 종교 활동에 열심을 내지 못한다. 돈을 벌어야 하기 때문이다. 돈이 좋아서가 아니다. 쉬고 싶어도 쉴 수 없다. 직원들에게 월급을 주기 위해 더 일해야 한다. 직원들이 쉴 때도 한 대표는 일해야 한다. 그래야 직원들이 쉴 수 있다. 때론 이것이 맞는 삶인가를 물을 때도 있다. 예전처럼 종교에 집중하지 못해서다. 그럼에도 이제는 새로운 차원의 하나님을 만난다.

> "하나님을 사랑하라는 예수의 가르침은 종교활동에 국한되지 않습니다. 일상을 살아가며 일상 속에서 실천하는 이웃사랑까지도 포함됩니다. 사실, 대다수의 보통 사람들이 열심히 살아가는 이유는 욕망의 성취보다 책임의 문제에 가깝습니다. 열심히 일해야만 사랑하는 이들을 책임질 수 있기 때문입니다. 이제 저에겐 이웃을 향한 책임의 노동도 성스러운 예배로 다가옵니다."

한 대표는 일을 통해 자신의 가치를 발견하고, 하나님 앞에서 얼마나 가치 있고 소중한 존재인지 경험할 때가 많다. 그에게 노동시간은 단순한 노동을 넘어 감사의 시간이다. 하나님의 사랑과 은혜를 재차 확인하는 시간이다. 특히 성수기 때는 새벽에 출근하고 새벽에 퇴근할 때가 많다. 몇 주 간 반복해야 하는 기간이 꽤나 있다. 특히 그 기간에는 하루 일과를 마치고 잠자리에 누우면 피곤하고 힘들다. 그럼에도 불구하고 일할 수 있음에 감사한다. 나를 찾아주는 고객들이 있음에 감사하며 잠을 청한다. 노동을 통한 신앙 체험은 예배를 드리며 하나님을 경험하는 것과는 또 다른 차원의 신앙 경험이다. 노동의 순간과 노동의 현장이 하나님을 만날 수 있는 마당이란 뜻이다.

종교사업이 아닌 순수종교로

"사업을 하다 보니 사업가의 세계관으로 세상을 보게 됩니다. 사업가의 시선으로 오늘날 한국교회를 보니 사업하는 이들과 무엇이 다른지 묻게 됩니다. 쉽게 말해 종교가 종교사업으로 변질되었다는 뜻입니다. 한국교회가 자본의 가치로 운영되는 것, 세습을 정당화하고 교세로 교회법을 무력화하는 모습을 보면서 교회 안에 깊이 스며든 자본가의 형상을 발견하게 됩니다."

자영업자로 삶의 자리를 바꾼 한 대표에게 교회 현실은 훨씬 더 절망적이었다. 더 명확히 보였다. 신학과 사업을 함께 경험한 이들의 특권인지 모른다. 그래서 슬프고 힘겹다. 보이기 때문이다.

나름 이해하기 위해 노력한다. 목사들도 가족의 생계를 걱정해야 하는 상황이기에 교회 규모를 걱정할 수밖에 없을 것이다. 그럼에도 물음은 여전하다. 이유는 성직이라 불리는 종교인의 삶이 지닌 특수성 때문이다. 종교인으로 살아가는 구도자의 삶은 이미 안정을 포기한 좁은 길의 여정이다. 욕망의 채움보다 욕망의 비움을, 소유보다 존재를, 물질보다 가치와 의미를, 시간보다 영원을 지향하겠다는 결단의 표징으로 성직을 받는다.

그럼에도 한국교회 안의 성직은 여전히 계급처럼 여겨진다. 그래서일까? 다른 종교와 다르게 목사 안수를 받는 날이면 예배당 주변 고깃집은 사람들로 가득하다. 성직자의 길로 들어서는 것을 바라보며 안타까워하고 슬퍼하는 이들보다 진급한 사람을 축하하는 이들로 북적인다. 좁은 길을 선택한 이를 바라보는 시선보다 넓은 길을 선택한 이의 성공을 축복하는 축제 분위기다.

신학교를 졸업하고 전도사로 사역하며 목사를 꿈꿨던 한 대표. 그에게 교회는 여전히 사랑이며 물음이다. 동시에 책임이다. 그럼에도 변화가 요원한 한국교회를 바라보며 회의감이 들기도 한다. 그러나 희망의 끈을 놓지 않고 싶다. 나름 깨어 있는 마음으로 교회를 변화시키기 위해 몸부림치는 이들이 있기 때문이다. 그들은 본질적 문제를 가지고 씨름한다. 방식에 대한 고착을 탈피하고 진리라고 하는 궁극적 개념 안에서 문제의 원인과 해결의 길을 찾는다. 그들은 당파와 패거리를 거절하고 공동체를 환영한다. 구도자로 살아가며 기꺼이 고독을 맞이한다. 권위주의를 벗어던지고 길벗이 되고자 노력한다. 소소한 만남과 진심 어린 대화를 통해 주체성을 깨어나게 한다. 건강한 주체와 공동체를 세워가며 신앙 생태계 복원의 때를 기다린다. 아득한 내일의 희망을 노래하며.

> "자본의 현실을 살아가는 한 명의 신앙인으로 다짐한 내용이 있습니다. 열심히 일하는 것입니다. 하나님과 사람 앞에 완벽할 수 없겠지만 부끄럽지 않은 방법으로 수익을 창출하고 더불어 살아가는 부의 재분배를 실천할 수 있는 사업가가 되기를 매 순간 다짐해봅니다."

한 대표는 누구보다 돈의 힘을 체감하고 있다. 돈이 주는 희열과 안락함, 내면의 풍요 또한 경험하고 있다. 동시에 돈이 주는 집착과 불안, 내면의 어두운 그림자 또한 마주한다. 이런 현실을 살아가며 예수의 진리와 신앙의 삶을 묻는다. 그는 돈이 주는 기쁨과 평화가 아닌 진리가 주는 평화를 꿈꾸며 살아가는 사람을 그리스도인으로 정의한다. 자본의 현실을 살아가지만 예수를 믿는 이유는 세상에서 경험할 수 없는 기쁨이 예수의 진리 안에 있기 때문이라고 말하는 한 대표. 디제이가 된 전도사는 오늘도 자신에게 주어진 노동의 자리와 디제잉 워십으로 하나님께 예배한다. 있는 모습 그대로. 자기를 가장 자기답게 만드는 삶의 도구들로.

그리스도인에게 돈이란

인간이라면 누구나 풍요를 꿈꾼다. 안정에 대한 욕구 때문이다. 자본으로 소비와 생활의 필요를 채워야 하는 자본주의 현실에서 돈과 부의 영향력은 막강하다. 그럼에도 신앙인의 특권은 생에 대한 집착과 욕망의 사슬로부터의 해방이다. 돈이 주는 기쁨을 부정할 필요는 없다. 다만, 우리는 무엇 때문에 신앙생활을 하는지, 예수의 진리가 주는 자유를 누리고 있는지 점검해야 한다.

그리스도인에게 일이란

노동은 신성하다. 그 이유는 노동을 통해 하나님을 만날 수 있기 때문이다. 돌보시는 손길, 채우고 살리시는 하늘의 은혜를 경험할 수 있다. 노동을 통해 경험하는 하나님은 예배당에서 만나는 하나님과 사뭇 다르다. 이런 다름의 은혜를 누리기 위해 각자에게 주어진 노동의 현장에서 예수의 가치와 하늘의 은혜를 찾기 위해 노력해야 한다.

그리스도인에게 교회란

나름 깨어 있는 마음으로 교회를 변화시키려고 몸부림치는 이들이 곳곳에 숨어 있다. 이들은 크고 작음의 문제, 즉 방식의 문제로 변화를 시도하지 않는다. 본질적 문제를 가지고 씨름한다. 방식에 대한 고착을 탈피하고 진리라고 하는 궁극적 개념 안에서 문제의 원인과 해결의 길을 찾는다. 그들은 당파와 패거리를 거절하고 공동체를 환영한다. 구도자로 살아가며 기꺼이 고독을 맞이한다. 소소한 만남과 진심 어린 대화를 통해 개인을 깨어나게 한다. 건강한 주체들이 모인 공동체를 통해 새로운 교회를 세워가며 신앙생태계 복원의 때를 기다린다. 아득한 내일의 희망을 노래하며.

정민재

"교회를 나오게 된 가장 큰 이유는 '자유'에 대한 갈망 때문이었습니다." 수십 년간 몸담았던 기독교 신앙과 교단, 교회의 울타리를 넘어 식당창업이란 새로운 삶에 도전하는 정민재 목사의 고백이다. 무엇이 그를 구속했던 것일까. 비단 정 목사 개인만의 삶은 아닐 것이다. 예수의 가르침처럼 참진리는 속박된 영혼을 자유롭게 만든다. 억압과 차별, 고난의 상황과 내면의 그림자로부터 해방되게 한다. 이런 역사와 신비 속에 신을 찬양하고 자유를 노래해야할 목사가 식당을 창업한 이유는 무엇일까?

부록마, 관회를 마치며

부목사, 교회를 나오다

"교회를 나오게 된 가장 큰 이유는 '자유'에 대한 갈망 때문이었습니다." 수십 년간 몸담았던 기독교 신앙과 교단, 교회의 울타리를 넘어 식당 창업이란 새로운 삶에 도전하는 정민재 목사의 고백이다. 무엇이 그를 구속했던 것일까. 예수의 가르침처럼 참진리는 속박된 영혼을 자유하게 만든다. 억압과 차별, 고난의 상황과 내면의 그림자로부터 해방된 삶을 허락한다. 이런 역사와 신비 속에 신을 찬양하고 자유를 노래해야 할 목사가 식당을 창업한 연유는 무엇일까?

어느 주일 오후, 정 목사는 예배를 마치고 돌아가는 교인들의 뒷모습을 우연히 보았다. 교인들의 얼굴과 몸짓엔 피곤함과 짜증이 한가득이었다. 정 목사 자신이 처해 있는 상황과 존재에 대한 투영이었을까. 정 목사는 안식하지 못하는 교인들의 모습을 통해 자신의 모습을 보게 되었다. 그리고 물었다. '나는 지금 자유한가? 무엇을 위해 목회를 하고 있는가?'

> "제가 성서를 통해 만난 하나님은 노예로 살아가는 히브리 민족에게 자유와 해방을 허락하신 분입니다. 이런 하나님은 사람답게 살아가는 삶으로 인도하십니다. 나를 나답게 하십니다. 이

런 삶을 방해하는 문화와 특권의식에 빠진 소수의 기득권에 분노하시는 하나님입니다. 교회는 이런 신앙의 이상을 현실화시키는 공동체입니다. 그런데 오늘날 교회 문화는 억압과 차별, 계급과 우열을 나누는데 앞장서는 듯합니다."

정 목사는 다 년 간 부목사로 사역했다. 그가 느낀 부목사의 삶은 예수목회와는 다른 삶이었다. 담임 목사의 명령에 무조건 순종해야만 했다. 인격적 관계 속에서 목회를 계획하고 함께 공동체의 내일을 꿈꿀 수 있는 문화가 아니었다. 선배 목사들은 고생 끝에 찾아올 안락한 내일의 목회를 기대하며 인내하라고 위로했다. 그러나 그런 말들이 정 목사에게 희망을 주지 못했다. 오히려 답답한 마음을 차오르게 했다. 이와 같은 상황이 지속될수록 정 목사는 구원의 의미를 다시 물었다. 참사람의 삶을 살기 원하시는 하나님의 뜻을 되새겼다. 정 목사는 오랜 고심 끝에 교회와 교단이라는 울타리를 벗어나기로 결심했다.

"물론, 안 그런 교회도 많고 예수 목회의 문화를 만들어가는 목회자들도 많습니다. 그런데 제가 있던 삶의 자리에서는 문제의식을 일으키는 상황의 어려움들이 지속되었습니다. 저에게 주어진 삶의 자리가 저에게 새로운 도전을 요청하는 것 같았습니

다. 가족, 지인들과 대화도 많이 나누며 고민했습니다. 고심 끝에 나갈 수밖에 없는 근본적 이유를 발견했습니다. 그것은 성서가 전하는 하나님 나라 방식대로 작동되지 않는 교회 문화였습니다. 예수 없는 예수교에 남아 있어야 할 이유가 없었습니다."

분명 모두의 이야기는 아니다. 어떤 이는 훌륭한 선배 목사를 만나 건강한 목회를 배우며 훌륭한 목사로 성장해간다. 예수께서 가르쳐주신 하나님 나라의 방식대로 교회를 세워가기 위해 힘쓰고 있다. 민주적이고 투명한 방법으로 재정을 집행하고 운영되는 교회도 많다. 그럼에도 여전히 정 목사의 서술이 보편적인 한국교회의 이미지로 다가오는 이유는 무엇일까? 정 목사는 말한다. 사람답게 살고 싶었다고. 그래서 교회라는 울타리를 벗어나 세상의 한복판으로 나오게 되었다고.

유토피아(Utopia, 그 어느 곳에도 없는 장소)라는 말처럼 우리가 살아가는 현실에 완전한 낙원은 없다. 기독교인은 누구인가? 완전하지 않은 현실을 사랑하며 이 땅에 하나님 나라를 일궈가는 이들 아니던가. 현재진행형인 억압과 차별, 비인간화된 사회와 개인을 예수의 진리로 해방시켜가는 하늘의 사람들 아니던가.

공감을 배우다

무작정 교회를 사임한 정 목사는 몇 개월간 실직자로 살아갔다. 가족의 생활을 위해 단기 알바를 하며 근근이 생활을 이어갔다. 20년 이상 교회 안에서만 생활했던 정 목사에게 세상은 낯설고 두려운 곳이었다. 교회 안에서의 삶은 온실 속 화초와 같은 삶이었다. 많은 수입은 아니었지만 나름 자족하며 품위 있게 살 수 있는 환경이었다.

안정감을 주던 익숙한 삶과 결별하고 낯선 삶의 자리로 터전을 옮긴 정 목사. 그가 경험한 대다수 사람들의 일상은 치열했다. 노동의 자리는 생존을 위해 분투하는 전쟁터였고 질척이는 고통의 자리였다. 정 목사는 보통의 존재들이 살아가는 현실을 함께 살아가며 진정한 공감이 무엇인지 배우고 있다.

"식당을 운영하며 다양한 사람들을 만나게 됩니다. 특히 저희 식당이 위치한 지역은 가난한 서민들이 많이 사는 곳입니다. 아픔과 상처로 얼룩진 이들의 이야기를 많이 듣게 됩니다. 그들이 기울이는 소주 한 잔에 담긴 아픔을 마주하게 됩니다. 그래서인지 사람들이 얼마나 아프고 힘겹게 살아가는지 몸소 깨닫습니다. 교회 안에서 설교만 하는 목사였을 때는 깨닫지 못했던 삶을 경험하게 됩니다. 그렇게 식당을 찾아온 손님들의 아픔에 공감하며 침묵하게 됩니다. 뭐라 말해야 할지 모르겠습니다."

아파본 사람은 자신의 고통과 같은 이유로 아파하는 이들 앞에서 침묵하게 된다. 고통의 깊이를 알기 때문이다. 그 어떤 말도 위로가 되지 않음을 경험했기에 섣부른 말로 위로하려 들지 않는다. 입술은 굳게 닫히고 눈물샘이 열린다. 부둥켜안은 채 흐느껴 울 뿐이다. 자비(compassion)의 삶이 실현되는 순간이다.

성서가 전하는 공감능력이란 일방적 가르침과 훈계가 아니다. 위로를 가장한 설교도 아니다. 분석과 판단도 아니다. 공감은 그저 공감일 뿐이다. 함께 느끼고 이해하는 것. 그렇게 아파하는 이의 자리에 함께 서는 것 그 자체로 충분하다. 그럼에도 우리는 공감에 무엇을 덧붙이려 한다. 말과 행위가 없는 침묵의 순간을 견디지 못한다. 누군가의 삶의 자리에 서보기 전까지, 동일한 상황을 경험해보기 전까지 누군가의 삶을 안다고 쉽게 말할 수 없다. 이것이 길이라며 자신의 방법을 강조할 수 없다. 그러나 인간의 현실은 누군가의 삶을 너무나 쉽게 판단하고 재단하려 든다. 더욱이 종교인들은 이와 같은 삶에 더 많이 노출되어 있다.

질퍽거리는 현실의 한복판에 선 정 목사. 새로운 삶이 그에게 선물한 것은 다름 아닌 공감능력이었다. 가르침은 있었지만 공감이 없었던 지난 목회의 여정을 반성하며 누군가의 아픔에 귀와 마음을 열기 시작했다. 세리와 창녀의 친구가 되어주었던 예수의 마음이 무엇이었는지, 무엇이 우리의 마음을 아프게 하는지, 회복의 길은 어디에 있는지 묻기 시작했다. 그러나 현실은 현실이다. 식당을 운영하며 공감능력도 커졌지만 동시에 치열한 삶의 현실을 살아내고 버텨야 하는 숙제의 크기도 커져만 간다. 갚아야 할 대출금, 식당의 존속을 위한 경쟁, 예의 없는 손님들에게 받는 상처들.

> "술집에서 일하는 여자, 일용직 근무자, 동네 건달, 대출 금액을 갚을 수 없어 이리저리 전화기를 돌리는 사람, 잦은 부부 싸움으로 이혼하려는 사람, 술에 취해 홀로 흥얼거리는 사람, 술기운에 취해 싸우는 사람. 이 외에도 각자만의 다양한 이야기들로 채워지는 곳이 식당입니다. 다양한 삶의 이야기를 근거리에서 접하고 공감할 수 있어서 감사합니다. 동시에 예의 없는 손님들이나, 예기치 않은 사건, 사고들을 맞이하고 흘려보내야 하는 어려움도 많습니다. 처음에는 상처도 많이 받았습니다. 나름 목사라고 대접받고 살아왔었죠. 이제는 치열한 삶의 현실을 살아내고 버텨내야하는 숙제를 안고 살아갑니다."

교회 안, 교회 밖

여행은 익숙했던 일상과 잠시 결별하게 한다. 여행은 밀착된 일상과의 건강한 거리를 허락한다. 거리를 두고 대상화된 개인, 사회를 바라보면 그동안 보이지 않았던 풍경을 마주하게 된다. 자신도 모르게 한쪽으로 치우쳐진 몸과 마음, 삶의 균형을 회복하게 된다. 여행이 주는 선물들이다.

정 목사도 교회라는 우물을 넘어 현실로의 여행을 시작했다. 얼마 되지 않아 교회 밖에서 교회를 보기 시작했다. 교회 안에서 교회를 바라보는 시선과는 분명 달랐다.

> "교회 안에 있을 때는 교회라는 세계관 안에서 작동되는 범위 안에서 교회를 이해했던 것 같습니다. 철저히 목사 입장에서 교회를 생각했고 교인들을 대했습니다. 신앙과 믿음의 척도를 종교행위에 대한 열심과 실천으로 국한시켰습니다. 그들의 삶과 현실을 외면한 채 말이죠. 그러나 두 발을 현실에 딛고 교회 밖에서 교회를 바라보니 교회 안에서의 삶과 현실의 삶에 괴리가 있음을 발견하게 됩니다. 다시 말해 교회에서 선포되는 목사들의 가르침이 얼마나 뜬구름 잡는 이야기인지 알게 되었습니다.

'내가 그랬구나. 교인들은 얼마나 답답했을까?' 라는 생각을 하게 됩니다. 교인들이 설교하는 목사를 바라보며 이런 생각을 했을 것 같습니다. '목사님, 살아보셨나요?' 오늘날 기독교 인구가 줄어드는 가장 큰 이유 중 하나라고 생각합니다. 세상에 적용할 수 없는 교회의 가르침, 세상과 교회를 이분법적으로 분리시켜놓는 왜곡된 신앙의 세계관 말입니다."

교회 밖에서 바라본 교회와 목회의 풍경은 예수 목회와 사뭇 다른 풍경이었다. 예수는 기술보다 사람을 사람답게 맞이하고 환대하는 존재와 관계의 목회를 했다. 예수는 많은 프로그램을 열고 구조를 만드는 일보다 지금 내 앞에 있는 한 사람에게 최선을 다했다. 소박한 모임 안에 담긴 작음의 신비를 누리기 위해 힘썼다. 다시 말해 소유가 아닌 존재에 중심을 둔 목회를 지향했다. 교회 밖에서 바라본 교회의 현주소는 정 목사의 마음을 더욱 서글프게 했다. 목회 현장에서 목회라고 생각했던 행위들은 교인들을 위함보다 목사 중심의 만족을 위한 선택들이 많았다. 교인들을 사랑하며 그들을 예수의 하나님 나라로 인도하는 목회인지 의문을 갖게 하는 행위들로 채워진 교회 풍경이었다.

사람 냄새나는 신학

신학은 성서(text)와 상황(context)의 상호작용 속에 형성된다. 그렇기에 상황을 떠난 신학은 존재할 수 없다. 물질세계와 정신세계가 유기적 관계로 이뤄진 것처럼 건강한 신학은 끝없는 성서와 상황의 긴장 속에서 형성된다.

삶의 자리(Sitz im Leben)가 한 사람의 신학을 형성한다. 내가 경험하고 처해있는 정황 안에서 성서에 묻고, 이에 성서가 답한다. 그렇기에 완전한 성서 해석은 존재하지 않는다. 각자의 삶의 자리를 중심으로 펼쳐지기에 다양한 신학이 존재할 수밖에 없다. 또한 인간 인식과 삶의 경험은 유한하다. 건강한 신학의 방법론은 이와 같은 인간 실존의 한계를 겸허히 인정하는 것으로부터 시작된다. 자신의 신학과 삶의 자리가 영원하지 않음을 깨닫고 끝없이 길을 묻는 구도자로 살아가는 삶의 태도 안에 건강한 신학의 길이 있다.

정 목사에게도 신학의 변화가 찾아왔다. 삶의 자리에 변화가 찾아왔기 때문이다. 교회 안에서의 신학과 교회 밖에서의 신학은 다를 수밖에 없었다. 정 목사는 지난 사역의 여정을 우물 안

개구리의 삶이었다고 표현한다. 어린 시절부터 사회에 대한 경험 없이 신학교를 졸업하고 교회 현장에서 사역을 시작했다. 그가 경험한 사회는 교회가 전부라 해도 과언이 아니었다. 교회라는 삶의 자리에서 해석된 성서와 식당이란 자리에서 마주한 성서는 분명 달랐다.

> "어느 날 선배 목사님과 이야기를 나누다 사고의 각성이 일어난 적이 있습니다. 그 목사님은 저에게 이런 물음을 던지셨습니다. '우리는 학교를 졸업하면서 교회는 왜 졸업하지 못할까?' 커다란 충격이었습니다. 길게는 수십 년 이상 교회를 출석합니다. 봉사도 합니다. 그런데 어느 순간 행위의 매너리즘이 찾아옵니다. 그렇게 설렘과 기대가 사라진 형식적 신앙생활을 습관적으로 이어갑니다."

죽음에 가까울수록 메마르고 딱딱하다. 생명에 가까울수록 생기 있고 부드럽다. 각자의 때가 있다. 종교도 매 순간 즐겁고 아름다울 수 없다. 인생의 계절처럼 종교에도 계절이 있다. 그러나 오늘날 한국교회 교인들이 느끼는 매너리즘은 종교의 계절 때문인가? 종교의 죽음 때문인가? 후자 쪽에 가깝다. 순리에 따른 무뎌짐이 아닌, 비뚤어진 이해와 문화에 따른 메마름이다.

종교행위에 국한된 신학, 교회를 위한 신학에 한계가 찾아왔다.

정 목사에게 찾아온 신학의 변화는 삶을 위한 신학의 모색이다. 교회의 체제와 제도와 교리 수호를 위한 신학이 아니다. 구속과 억압으로부터 해방시켜주는 살아있는 구원의 신학이다. 저 멀리 있는 천국이 아닌 이 땅에서 실현되어가는 사람 냄새나는 신학이다. 그는 말한다.

"예배에 참석하지 못해도, 봉사를 하지 못해도, 내가 속한 일상의 자리에서 참사람으로 살아갈 수 있는 사람 냄새 풍기는 삶을 위한 신학이 무엇일까 고민하게 됩니다. 그런데 저도 아직 잘 모르겠습니다. 사람다운 인생이 무엇인지, 사람답게 만드는 신학은 무엇인지."

정 목사는 사람답게 사는 세상을 일궈가는 것이 신학의 중요한 목표임을 알게 되었다. 그 목표를 실천해가는 것은 저 멀리 있는 내일이 아닌 지금 이 순간이었다. 오늘 내가 살아가는 삶의 터전이었다. 그는 나름의 원칙을 가지고 식당을 운영한다. 정직한 재료를 사용하고 합리적인 가격을 책정하기 위해 노력한다.

그럼에도 현실 경제는 냉정하다. 수입과 지출에 대한 정확한 계산과 예측이 필요하다. 경제구조에 대한 파악과 자본의 흐름, 소비문화에 대한 연구도 따라와야 한다. 식재료 값이 오르면 가격에 대한 고민도 하게 된다. 손님이 뜸할 때면 불안이 엄습한다. 어찌 보면 정 목사의 삶은 교회 안에 있을 때보다 더 많이 흔들리고 있다. 힘겨운 사투이며 고뇌의 연속이다.

거룩을 고민하다

"식당을 운영하다 보니 매일이 전쟁 같습니다. 도전의 연속이며 끝없는 자기와의 싸움입니다. 이렇게 살다 보니 예전에 생각했던 거룩한 삶과는 거리가 먼 삶을 살아가고 있습니다. 목사지만 종종 예배에 참석하기 힘들 때도 있습니다. 성서를 많이 보지 못합니다. 목소리와 행동은 거칠어지고 입은 옷에선 항상 음식 냄새가 납니다. 이렇게 사는 것이 맞을까?라는 고민도 했습니다. 그런데 이렇게 살아가는 이들은 거룩하지 않느냐는 반문도 생겼습니다. 제가 한 가지 착각을 하고 있더군요. 거룩의 중심(내용)보다 거룩의 겉모습을 거룩의 본질로 생각했던 것입니다."

나 역시 목사 안수를 받은 후 목사의 이미지와 역할, 정체성에 대해 많은 고민을 했다. 목사답게 살아가는 것은 무엇일까? 거룩함이란 본디 구별됨을 의미한다. 다른 이들과 다른 삶의 방식과 목표를 지니고 살아가는 삶을 뜻한다. 목사가 다른 이들과 구별되게 살아가는 삶은 어떤 삶일까? 나 역시 목사 안수를 받은 후 목사의 거룩함에 대해 고민했다. 그럼에도 교회 안에서 목사의 거룩함은 품위 있는 목소리와 자세, 예의 바름과 깔끔한 옷차림, 성서에 대한 전문 지식 정도였다. 다시 말해 거룩한 삶에 대한 내용보다 겉으로 보이는 이미지에 더 많은 관심을 갖고 있었던 것이다.

그렇다면 예수가 생각한 거룩은 무엇일까? 사복음서를 통해 발견할 수 있는 예수의 거룩은 그 당시 종교인들의 거룩과 다른 모양새다. 예수 당시 종교인들에게 거룩은 율법을 지키는 행위였다. 이들은 율법에 기록된 종교행위를 지키지 못한 이들, 지키고 싶어도 지킬 수 없었던 가난한 자들을 죄인으로 규정했다. 태어날 때부터 몸이 아픈 이들, 병에 걸리고 몸을 팔아 생존할 수밖에 없었던 창녀들은 이 생에서 구원받을 수 없는 거룩하지 못한 죄인으로 내몰았다.

예수는 달랐다. 오히려 이들의 친구가 되어주었다. 종교 제도와 율법의 존재 목적은 사람의 생명을 살리기 위함이라고 가르쳐 주었다. 사랑의 하나님은 폭력과 억압, 권위로 굴종시키는 분이 아님을 깨닫게 했다. 오히려 하나님은 대가 없는 사랑과 끝없는 기다림으로 변화시키는 분임을 선포했다. 예수는 가난한 자들에게 구원이 있다고 선포했고 들풀처럼 연약하고 이름 없는 생명들과 함께 살아가는 그 자체가 진정한 거룩함임을 삶으로 가르쳤다.

내가 상상하는 거룩한 예수는 반듯하고 빈틈없는 사람이 아니다. 중저음의 목소리로 할렐루야를 난발하는 이도 아니다. 자신의 신분을 드러내기 위한 옷을 거절했다. 보통 사람들과 함께 있어도 도드라짐 없는 평범함을 추구했다. 진리와 성서에 대해 질문하고 성찰하며 깨달음을 구했다. 혼자 있는 고독의 시간을 즐기고 함께 부대끼며 울고 웃는 식탁 교제도 즐겼다. 그렇게 골방과 광장, 회당과 시장을 오가며 홀로, 그리고 함께 살아갔다. 때론 끝날 기미가 없는 현실의 고통 앞에 절망했다. 하늘을 원망했고 신의 부재를 경험했다. 불확실한 내일을 두려워했으며 모호한 인생과 끝없이 흔들리는 존재의 연약함을 사랑했다. 죽어가는 모든 순간과 만남, 흩날리는 존재까지도 끌어안으며 죽기까지 사랑했던 사랑의 화신이었다.

돈이 어디로 흘러가는가?

교회의 본질은 모임(會)이다. 사람과 관계, 만남이 교회의 중심 가치다. 어느 순간 교회는 건물이 되었다. 예수의 하나님 나라의 가치보다 눈에 보이는 업적과 성취, 번영을 중시하는 맘몬의 가치를 따르고 있다. 기독교 신앙 안에서 맘몬은 부(富)를 관장하는 이방 신이다. 여기서의 부는 단순히 돈에 국한되지 않는다. 번영과 관련된 권력과 명예, 소유에 대한 탐심까지 포함된다. 타락은 본질로부터 멀어지는 것이다. 한국교회의 타락은 '예수의 하나님 나라'라고 하는 본질의 상실로부터 시작되었다. 말씀과 사람, 생명과 정의, 자비와 공동체가 중심이 되어야 할 교회가 욕망의 각축장으로 전락했다.

"이제는 한국교회가 건물 중심의 가치관에서 벗어났으면 합니다. 교회 건물은 결국 교인들의 헌금으로 지어집니다. 요즘 한 가구당 대출 빚이 적지 않습니다. 목사들이 자신의 욕망을 성전 건축에 투영시킵니다. 꿈틀거리는 자신의 욕망을 하나님의 뜻으로 포장합니다. 하나님의 뜻을 분별하는 기준은 감정보다 말씀이 우선이라고 생각합니다. 성서를 통해 드러난 예수의 길을 조금이라도 살핀다면 하나님의 뜻이 어디에 있는지 분별할 수 있지 않을까요?"

정 목사가 생각하는 진정한 교회는 홀로 설 수 없는 이들에게 기댈 언덕이 되어주는 모임이다. 이런 관계성을 바탕으로 성서의 가르침처럼 어떤 이는 교사로, 어떤 이는 돕는 이로, 각자의 주체가 건강히 세워지며 조화로운 삶의 소리를 내는 공동체를 건강한 공동체로 정의한다.

예수는 이익을 위해 모인 당파를 거절했다. 이상과 가치, 사람과 생명, 관계를 중시하는 공동체를 꿈꿨다. 예수는 소수의 제자들과 방랑 공동체를 이뤄가며 가난한 자들에게 하나님 나라를 선포했다. 이런 예수를 따르는 공동체는 수에 연연하지 않는다. 보이는 것보다 보이지 않는 것에 더 집중한다.

맘몬에 함몰된 교회는 인간의 욕망을 하나님의 이름에 투영시킨다. 거짓된 하나님을 만들어내 하나님의 이름을 망령되이 일컫는다. 문제는 자신들의 잘못을 모른다는 것이다. 그러나 옳고 그름의 분별은 예수의 가르침처럼 열매를 통해 드러난다. 공동체를 통해 드러나는 신앙의 결과물들이 예수의 하나님 나라에 부합하는지, 맘몬의 뜻에 가까운지 물어야 한다.

사람과 존재중심의 목회를 꿈꾸며

"삶을 살아오면서 저에게 영향을 준 이들의 공통된 특징은 삶과 성품이었습니다. 유명한 목사들의 힘 있는 설교와 프로그램도 아니었습니다. 훌륭한 글도 아니었습니다. 물론 이런 자극들이 주는 에너지가 있습니다. 그런데 그 에너지는 반짝이는 종교적 쾌감과 함께 어디론가 사라졌습니다. 반면 사람답게 살고 한 영혼을 도구가 아닌 목적으로 대하는 이들의 삶은 저에게 울림과 여운을 주었습니다. 크지 않지만 잔잔한 그들의 삶이 예수 목회의 모습이라 생각됩니다."

정 목사는 예수 목회를 사람과 존재 중심의 목회라고 말한다. 그의 말처럼 예수는 인기와 권력, 부에 대한 유혹에 노출되어 있었지만 좁은 길을 선택했다. 이런 예수의 길은 멀리서 볼 때라야 아름답다. 분명 따르고 싶은 길은 아니다. 외면적 성과와 눈에 보이는 결과가 뚜렷하지 않기에 헛헛하다. 보통 사람들이 찾는 넓은 길이 아니기에 고독하고 외롭다. 세상이 말하는 성공과는 분명 다르기에 선뜻 따라나서기가 두렵다.

예수를 따르기 위해 힘쓰는 삶 그 자체도 목회의 일부로 여기는 정 목사. 그에게 목사다운 삶은 사람다운 삶과 같은 맥락 안에 있다. 그는 이태석 신부, 권정생 작가, 장기려 선생 등이 자신에게 울림을 준 그리스도인이라고 말한다. 그 역시 말과 논리, 소리가 주는 순간의 감동을 넘어 행동과 실천이 주는 감동의 목회를 실천하는 목사의 삶을 꿈꾸고 있다.

"저를 아는 많은 이들이 왜 식당을 하냐고 이야기합니다. 불쌍하게 생각하고 안타까워합니다. 식당을 운영한다는 소식을 듣고 찾아오셔서 위로해주시는 분들도 계십니다. 저는 지금 삶에 만족합니다. 물론 스트레스도 받고 몸이 힘들기도 합니다. 그럼에도 나답게, 사람 중심의 삶을 살아가는 것이 예수의 길이라 여겼기 때문에 후회 없이 지내고 있습니다. 저는 지금의 삶도 목회라 여깁니다. 교인들은 없지만 저희 가게에 오는 이들을 섬겨야 할 대상으로 생각합니다. 살기 힘든 세상, 서로에게 위로를 건네며 좋은 음식으로 함께 살아가며 일상 안에서 하나님 나라를 이뤄가기 위해 노력하고 있습니다."

그리스도인에게 돈이란

부자가 되라고 말하는 목사들. 기복 신앙에 빠진 목사들에게 예수는 없다. 먹고사는 문제를 걱정하는 건, 믿음 없는 자의 모습이니 믿음을 가지고 살라는 목사들에게도 예수는 없다. 예수는 떡으로만 살 것이 아니라고 말했다. 그 말은 떡의 부정이 아니다. 먹고사는 것이 인간이지만 그 문제에 노예가 되지 말라는 뜻이다. 그리스도인에게 돈도 동일한 원리로 적용된다.

그리스도인에게 일이란

노동은 경험의 자리. 동시에 누군가의 아픔에 공감할 수 있는 마음의 폭을 넓혀주는 배움의 자리. 공감의 깊이와 넓이는 삶의 경험을 통해 확장된다. 우리는 노동을 통해 세리와 창녀의 친구가 되어주었던 예수의 마음을 깨달으며 진정한 공감의 의미를 배울 수 있다. 누군가에게 침묵의 공감과 위로의 신비를 건넬 수 있다.

그리스도인에게 교회란

교회는 예수를 따르는 공동체다. 예수는 기술보다 사람을 사람답게 맞이하고 환대하는 존재와 관계의 목회를 중요하게 여겼다. 예수는 많은 프로그램을 열고 구조를 만드는 일보다 지금 내 앞에 있는 한 사람에게 최선을 다했다. 소박한 공동체 안에 담긴 작음의 신비를 누리기 위해 힘썼다. 다시 말해 소유가 아닌 존재에 중심을 둔 목회와 모임을 지향했다.

장부

이음의 비전을 꿈꾸는 교회가 있다. 교회와 세상을 오가며 하나님 나라와 세상을 잇기 위해 노력하는 목사가 있다. 세종시에 위치한 이음교회 장부 목사다. 너와 나를 잇고, 교회와 세상을 이으며 하나님과 개인의 하나 됨을 지향하며 교회를 개척했다. 철저한 계획도시로 세워진 세종시. 원주민보다 타지에서 모인 사람들로 갑작스레 세워진 도시다. 다양한 사람들이 모인 만큼, 이야기들도 다채롭다. 그렇기에 어느 지역보다 이음의 사역이 필요한 곳이기도 하다. 다양한 궁금증을 안고 장 목사를 만나기 위해 세종시로 향했다.

교회와 세상을 잇다

새로운 창조의 시작, 이음

새로운 창조는 만남을 통해 이뤄진다. 여기서의 만남은 서로의 몸과 영혼, 가치관이 융합되는 현상이다. 이런 만남은 예기치 않은 제3의 창조물을 만들어낸다. 혼자였다면 생각할 수 없었던 신선한 무엇을 만들어낸다. 이것은 만남이 주는 신비의 선물이다. 이런 만남의 신비를 표현한 우리말이 있다. '이음'이다.

신앙생활은 우리에게 이음의 신비를 경험하게 한다. 새로운 상상력을 불러일으킨다. 이전에 느껴보지 못했던 영적 시야와 감각을 갖게 하며 새로운 것들을 보고 느끼게 한다. 이런 이음의 신비를 누리게 하는 신앙의 중심에 예수가 있다. 성서도 있고, 교회와 자연도 있다. 이런 매개를 신학은 '계시(revelation)'란 단어로 표현한다. 그렇다. 신앙생활은 다양한 계시의 매개들을 통해 끊어진 관계를 회복하고 다시 이어가는 여정이다. 그래서 기독교 신앙은 이음의 역사다. 하나님과 인간, 인간과 창조세계, 내 자신과의 관계를 다시 엮어가는 회복의 역사다.

이음의 신비와 열매를 목도하는 공동체. 그 공동체야말로 성령의 역사가 함께하는 공동체다. 유기적 관계로 이어진 생명의 현실을 깨달아가며 진리 안에서 교회와 세상을 잇는 교회. 지금 우리 시대에 절실히 요청되는 교회의 모습이다.

이런 이음의 비전을 꿈꾸는 교회가 있다. 교회와 세상을 오가며 하나님 나라와 세상을 잇기 위해 노력하는 목사가 있다. 세종시에 위치한 이음교회와 장부 목사다. 너와 나를 잇고, 교회와 세상을 이으며 하나님과 개인의 하나 됨을 지향하며 교회를 개척했다. 철저한 계획도시로 세워진 세종시, 원주민보다 타지에서 모인 사람들로 갑작스레 세워진 도시다. 다양한 사람들이 모인 만큼, 이야기들도 다채롭다. 그렇기에 어느 지역보다 이음의 사역이 필요한 곳이기도 하다. 다양한 궁금증을 안고 장 목사를 만나기 위해 세종시로 향했다.

개척, 그리고 생계

"개척하고 나니 가족의 생계 문제를 해결해야 하는 현실을 맞닥뜨리게 되었습니다. 그렇게 시간제 아르바이트를 시작했습니다. 두려웠습니다. 처음 하는 일에 대한 두려움도 있었고, 믿음 없는 목사처럼 보이지는 않을지 부담이 되기도 했습니다. 믿음으로 살아야 하는데 돈 때문에 세상 밖으로 나온 목사처럼 느껴

지는 마음 때문에 자괴감이 들기도 했습니다."

자본주의라는 사회구조의 특성상 물질이 필요하다. 아니, 물질이 필요 없던 시대는 인류사에 존재하지 않았다. 인간이란 존재 자체가 정신과 물질로 형성되었기 때문이다. 문제는 물질이 정신을 지배할 때 찾아오는 부작용이다. 이중직에 대한 이야기가 본격적으로 등장하게 된 배경도 동일하다. 물질이 신앙을 지배하는 한국교회 현실을 탈피하고 신앙적 이상을 실현하기 위한 문제의식으로부터 시작됐다.

자본의 논리에 잠식당한 교회 갱신을 위해 목사의 자립이 절실하다. 건강한 작은 교회의 지속적 운영을 위해 경제구조의 확립도 필요하다. 가장 좋은 그림은 교단 차원에서 목사와 교회 수급을 조절하고 최소 생활비를 책임져주는 구조다. 그러나 한국교회 대다수 교단의 현실은 암울하다. 교인 수의 절감, 재정 감소, 당파 싸움으로 얼룩진 교회의 정치 현실은 사회적 불신을 조장하며 내일을 불투명하게 만들고 있다.

이중직 목회는 필수가 아닌, 선택의 영역이다. 나 역시 다년간 이중직 목회를 이어오고 있다. 솔직히 말해 이중직 목회에 어려움이 많다. 유한한 인간의 에너지로 모든 일을 잘 해낼 수 없다.

목회도 노동이다. 충분한 성서연구와 성찰, 영성의 준비가 필요하다. 교인을 향한 목회적 돌봄을 위한 시간적 여유와 건강이 따라와야 한다.

이런 어려움 속에서도 이중직을 이어가는 목사들은 크게 두 가지 부류다. 첫째는 맘몬을 극복한 신앙공동체를 세우기 위한 사명감, 둘째는 가족부양의 의무와 생계를 위한 불가피한 선택이다. 전자가 되었든, 후자가 되었든 두 가지 일을 동시에 할 경우, 각각의 역할이 원하는 정체성과 노동의 범위 사이에서 충돌과 갈등을 일상적으로 경험한다. 그렇기에 더 많은 에너지를 필요로 한다. 장 목사 역시 동일한 경험을 하고 있다. 에너지의 고갈을 느낀다. 경계의 삶이 주는 불명확함과 불안정성을 견뎌야 한다. 건강한 작은 교회와 사랑하는 가족들의 생계를 책임져야 하기 때문이다.

피하고 싶은 삶

인식론적 특권은 평범한 일상의 균열과 함께 찾아온다. 균열은 상처와 갈등, 아픔이 촉발시킨 의문들, 당연히 여겼던 것들에 대한 회의, 상실에 대한 분노 등을 통해 일어난다. 그렇게 일상에 찾아온 균열이 만들어낸 틈으로 새로운 것들이 보이기 시작한다. 새로운 생각과 사유, 성찰, 지식과 지혜가 깃든다. 균열을 통한 길 찾기. 그러나 결코 좋은 길이라고만 말할 수 없다. 새로움이 찾아온다는 것은 변화를 요청받는다는 의미다. 변화는 거저 오지 않는다. 꾸준한 훈련과 인내, 기다림을 통해 어느 순간 찾아온다. 문득.

이중직 목회는 목사에게 인식론적 특권을 준다. 그럼에도 거부하고 싶은 특권이다. 다양한 직업군에 대한 경험, 그동안 몰랐던 교회 밖 세상에 대한 낯섦, 새롭게 학습해야 하는 기술과 관계의 지혜, 새로운 환경에 대한 적응은 분명 피하고 싶은 피로의 주제들이다.

> "생존을 위해 나간 일터를 오가며 그동안 보지 못했던 삶의 이야기들이 보이기 시작했습니다. 주 5일 매일 10시간 이상 일해도 200만 원 남짓의 월급을 받는 이들의 삶, 최선을 다하지만 더 이상 나아지지 않는 현실을 살아가는 노동자들의 절망과 절박함이 느껴지기 시작했습니다."

장 목사에게 찾아온 인식론적 특권은 하루살이처럼 살아갈 수밖에 없는 노동자들의 현실이었다. 종교인의 관점에서만 바라볼 때는 그들의 삶을 이해할 수 없었다. 자신도 모르게 하나님의 일이 우선이라며 정죄의 눈길로 보았다. 전쟁터와 같은 노동의 현장에서 장 목사는 시선의 변화를 경험한다. 율법의 시선에서 자비의 시선으로.

장 목사는 시간제 아르바이트를 시작했다. 교회라는 삶의 문턱을 넘어 현실의 자리로 삶의 자리를 확장하는 일은 두려운 도전이었다. 그러나 가장의 책임감과 건강한 교회에 대한 소명의식이 그를 떠밀었다. 가장 먼저, 동네 떡집에서 시간제 아르바이트를 시작했다. 아르바이트 수입으로 교회 상가 임대료를 지불하고 가정 생계를 이어갔다. 이후 헬스장으로 일자리를 옮겼다. 새벽에 나가서 일을 하고 오후에는 목회활동을 할 수 있다는 이점 때문이었다.

시간제 아르바이트를 시작함과 동시에 교회 공간을 카페로 꾸몄다. 지역사회와 소통하며 사람들을 만날 수 있는 기회를 만들기 위해서였다. 새로운 기술도 조금씩 배워갔다. 직장생활도 해보며 새로운 길도 꿈꿨다. 이중직 목회를 위해 다양한 노동의 자리에서 경험을 쌓고 있다. 그러나 모든 것이 생각대로 되지는 않았다. 중간중간에 다양한 실패와 좌절도 있었다.

다양한 경험들이 준 하나의 혜택은 세계관의 확장이었다. 이중직 목회자들의 공통된 고백처럼 그동안 몰랐던 삶의 현실들, 말과 머리로는 애써 말했지만 진심으로 공감하지 못했던 이웃들의 아픔이 가슴으로 느껴지기 시작했다.

그제야 보이기 시작했다. 하루살이로 살아가는 이들, 감사하라는 말이 억압으로 다가오는 이들, 최선을 다해 살아도 희망이 보이지 않는 이들, 그들의 아픔이 보이기 시작했다. 주일에 일을 해야만 하는 사람들, 예배당이 멀게 느껴지고 불편한 이들의 마음을 헤아릴 수 있었다.

노동의 가치에 눈을 뜨다

장 목사는 3개월간 대리운전기사로 생계를 이어갔다. 스마트폰 애플리케이션을 통해 쉬운 절차만 거치면 누구나 대리기사가 될 수 있었다. 장 목사는 무작정 거리로 나갔다. 막막했다. 대리기사 인터넷 카페에 나오는 정보에 의지해 어두운 밤거리를 거닐었다. 혼자 발로 뛰어다녔다. 조금 먼 거리는 버스로 이동하며 한 번, 두 번 대리운전 횟수를 늘려갔다.
누군가 대리기사를 부르면 애플리케이션을 통해 정보가 공지된다. 먼저 일을 선택한 사람이 대리운전 기회를 얻게 된다. 그러다 보니 계속해서 스마트폰만 보게 된다. 길거리에 앉아서 하염없이 스마트폰만 보고 있는 모습이 스스로에게 마뜩지 않았다. 그래서 찾아가간 곳이 버스정류장, 편의점 앞 파라솔이다. 종종 이곳에서 다른 대리기사들을 만나기도 한다.

어느 날이었다. 먼 곳까지 손님을 태워다 준 후, 집으로 돌아오는 버스에 올랐다. 전동휠을 들고 버스에 오르는 이가 보였다. 버스에 오른 후, 하염없이 스마트폰만 바라본다. 그 역시 대리기사였다. 쉬운 이동과 경비 절감을 위해 전동휠이나 전동 킥보드를 이용하는 대리기사들도 많다.

> "평일에 노동하는 일에 의구심이 많았습니다. 한 번, 두 번 노동의 경험이 늘어날수록 얻는 것도 많았습니다. 그 보람 때문일까요? 먹고살기 위해 뛰어든 노동이 저에게 즐거움을 선물해주기 시작했습니다."

당장 한 건이라도 대리운전을 하면 현금을 얻게 된다. 엄청난 돈을 버는 것도 아니다. 그런데 돈이 주는 기쁨이 있었다. 단순히 돈을 소유했기에 오는 기쁨은 아니었다. 그 이상의 것이었

다. 장 목사는 곰곰이 물었다. 그는 생각의 끝자락에서 기쁨의 정체를 알아챘다. '노동을 통해 얻은 결실에 대한 기쁨'이었다.

노동은 사투다. 누군가의 재화를 나의 재화로 만드는 일에는 다양한 노력과 희생이 따른다. 때론 자존심을 내려놓아야 한다. 자기합리화를 시도하며 불합리한 세상과 현실에 눈을 감기도 한다. 이토록 수많은 자기와의 갈등과 아픔을 극복한 결과로 노동의 대가를 얻는다. 그렇기에 소중하고 애틋하다.

장 목사는 신학생과 전도사 시절 교회에서 사례를 받았다. 이 또한 노동의 결과에 대한 대가였다. 그런데 대리운전을 통해 얻은 기쁨과는 달랐다. 왜일까? 그는 말한다. "교회 안에 있을 땐, 노동과 보상에 대한 개념이 없었습니다. 그저 모든 것이 은혜라는 말로 해석되고 표현되었습니다."

모든 것이 은혜다. 맞는 말이다. 그런데 은혜라는 말이 왜곡될 때, 저항해야할 불의에 대한 분별력은 약해진다. 진리란 사랑과 정의를 기반으로 한다. 사랑을 정의 위에, 정의는 사랑 위에 세워져야 한다. 그런데 잘못된 은혜에 대한 남발이 정의를 축소시킨다.

장 목사는 현실의 노동을 통해 얻은 대가의 기쁨을 경험하며 노동과 인권에 대한 무관심을 깨달았다. 많은 신학생들과 부사역자들이 은혜라는 미명하에 삶을 보장받지 못하고 있음을 알게 되었다. 열정페이를 강요받고 있지만 문제의식을 느끼지 못하는 이들이 많았다. 이들은 모든 것을 은혜로 받아들이고 있었다. 불평과 불만은 믿음 없음의 표상으로 여기며 하늘의 도움만을 갈구했다.

딜레마에 빠지다

"교인의 아버지께서 건강이 나빠진 적이 있었습니다. 그런데 저는 알지 못했습니다. 한 번도 심방을 하지 못했습니다. 제가 평일에 일을 하고 있음을 알기에 심방 요청을 하지 못했던 것입니다. 목사에게 부담을 줄 것 같아서 미안해하며 고심했을 교인 분의 마음을 생각하니 지금 내가 무엇을 하고 있는지 묻게 되더군요."

장 목사는 이중직 목회의 여정이 지속될수록 딜레마에 빠지고 있다. 이유는 자명하다. 어느 것 하나 제대로 하지 못하는 것 같아서다. 일터에서 돌아오면 육아와 못다한 업무들을 처리해야 한다. 지쳐버린 몸과 영혼을 짊어지고 설교 준비와 심방도 해야 한다. 그럼에도 빈틈이 생긴다. 최선을 다해 목회를 하지 못하는 것 같아 교인들에겐 항시 미안한 마음이다. 다른 목회자들처럼 살뜰하게 교인들을 챙겨주고 싶지만 한계가 있다. 교인들은 목회자의 생활을 전적으로 책임져주지 못하는 부분에 대해 미안해한다.

맘몬에 함몰된 교회와 종교인들의 삶을 극복하기 위해 선택한 길이다. 자본의 가치보다 예수의 가치로 운영되는 교회를 위해 지금까지 걸어왔다. 그런데 힘들다. 현실의 한계를 경험한다. 오히려 자본을 투자해 교회를 세우고 목회를 하는 동료 목회자들의 삶은 평탄하다. 많은 이들이 모여든다. 잘 가고 있는 걸까? 예수는 생명의 길은 좁고 협착하다고 했다. 사람들이 찾지 않는다고 했다. 그러나 인간은 누구나 화려한 길을 걷고 싶다. 넓고 편안한 삶을 그리워한다. 맞는 길이고 옳은 길이라도 삶의 고통이 찾아올 때면 묻게 된다. '잘 가고 있는 걸까?'

재미란 단어의 뜻 가운데 하나가 '좋은 성과나 보람'이다. 성과는 눈에 보이는 성과다. 보람은 눈에 보이지 않는 내면의 성과다. 즉, 재미를 느끼기 위해선 눈에 보이는 성과든, 보이지 않는 성과든 결과가 따라와야 한다. 동의할 수밖에 없다. 소유든,

존재든 성과가 있어야 재밌다. 그러나 이중직 목회자들에게 목회의 성과를 기대하기 힘들다. 성과는 선택과 집중을 요청하기 때문이다.

이슈와 유행이 아닌

장 목사는 이중직 목회를 하고 있지만 이중직 목회가 이슈화되는 것에 반대한다. 이중직 목회가 대두된 이유와 신학적 성찰을 하지 않고 유행처럼 따라 하거나 강요하는 문화에 문제를 제기한다. 어느 순간, 새로운 부흥을 모색하기 위해 대안교회와 이중직 목회를 흡수하는 이들도 생겨났다.

> "일정 부분 이슈화도 필요합니다. 이벤트도 필요하고요. 그러나 본질이 없는 이슈화는 또 다른 상처와 문제를 유발합니다. 옳고 정의로운 이야기를 하지만 그 이면에 존재하는 자기 의로움과 자기 드러냄의 욕망을 성찰하지 못할 때, 목적이 아닌 수단이 될 때 누군가에게 아픔과 상처를 주게 됩니다."

본질을 물어야 한다. 행동과 함께 무엇을 위한 행동인지 질문해야 한다. 이런 과정 속에 뿌리 깊은 영성과 열매 맺는 삶이 함께할 것이다. 장 목사가 생각하는 기독교 신앙의 본질은 '돌봄'이다. 그에게 교회는 돌봄의 집합체다. 사도행전 2장에 등장하는 초대교회의 모습처럼 하나님의 영이 함께하는 교회와 신앙인의 삶에는 돌봄의 실천이 함께한다. 그렇게 내면에 채워진 하나님의 자비는 교회를 채우고 세상을 향해 흘러간다. 성서의 서술처럼 각자의 소유를 공유하고 서로의 삶을 채워줄 때 더불어 잘 사는 개인과 사회가 될 것이라 믿는다.

그의 고백처럼 성령으로 거듭난 교회는 제도적 종교에 머무르지 않는다. 그동안 보이지 않았던 이웃들을 향한 돌봄의 시선, 관심의 변화를 동반하는 사회적 영성으로 확장해간다. 서로를 향한 끌어안음 속에 치유와 회복의 역사는 시작된다. 하늘의 평화가 내려온다. 성령의 돌봄은 억지스럽지 않다. 의무와 책임을 넘어선다. 자발적이다. 강요하지 않는다. 그렇게 서로의 필요를 채워주며 조용히 서로를 끌어안는다.

이중직 목회, 가나안 성도. 한국교회 현실을 대변하는 단어들이 하나, 둘 등장하고 유행처럼 입에 오르내린다. 어느 순간, 당연시 여기는 문화가 생겨났다. 무엇 때문에, 왜 이런 문제가 발생했는지에 대한 신학적 성찰과 냉엄한 현실 비판은 실종되었다. 기독교 신앙 안에서 비판과 대안의 잣대는 '예수'다. 어떤 예수의 가르침에 위배된 교회 현실인지 물어야 한다. 세상의 윤리와 잣대를 넘어선 예수의 윤리. 그 윤리 안에서 가야 할 길을 모색해야 한다.

진정한 돌봄은 헤아림이다. 헤아림의 다른 말은 이해다. 교회의 아픔, 교인의 아픔, 목사의 아픔. 가장 중요한 예수의 아픔을 헤아리지 못한 채, 대안만을 이야기한다면 오래가지 못할 것이다. 변덕스러운 자연환경 속에서도 흔들리며 서있는 나무의 힘은 어디에 있는가? 깊은 뿌리내림이다. 교회와 교인, 목사에게 깊은 영성의 뿌리는 신학이다. 유행을 넘어 변화를 이끄는 문화는 깊은 뿌리에서 시작된다. 개인의 상처와 분노를 넘어 평화와 자비로 나아가는 힘은 예수의 가르친 하나님 나라에 있다.

하나님 나라와 세상을 이어가는 교회

"이중직 목회를 하면서 제가 만족해하는 수입은 현실에 비해 상당히 적은 액수였습니다. 저는 행복했습니다. 동시에 사람들은 나보다 많이 벌면서도 왜 힘들어할까? 부의 끝은 어디일까?

라는 질문을 갖게 되었습니다. 그런데 사도행전에 등장하는 초대교회의 부는 기준이 달랐습니다. 그들에게 부자는 나의 것을 남에게 나눌 수 있는 사람이었습니다. 그들은 나의 것과 소유의 개념을 넘어서 공유하고 나눴습니다. 저는 여기서 자발적 가난의 길과 한국교회가 가야 할 길을 찾을 수 있었습니다."

장 목사는 세상에서 노동을 하며 현실을 살아가는 이들이 지니고 있는 부의 개념과 기준에 대해 놀랐다. 월급에 대한 이야기를 나눌 땐 더욱 그랬다. 장 목사가 생각하는 월급의 기준은 일반 사람들에게 턱없이 부족한 금액이었다. 부의 기준이 달랐다. 자신의 월급에 만족해하는 사람도 있었고, 더 갖기 원하는 이도 있었다. 각자의 삶의 자리가 다르기에 부의 기준을 절대화할 수 없었다. 그는 물었다. 상대적 부의 개념을 관통할 수 있는 자발적 가난의 본질은 무엇인가? '나눔'이었다. 나눔의 액수와 방식 또한 규격화할 수 없었다. 각자의 자리에서 나눔을 실천할 수 있는 방식은 각자의 몫으로 남겨두어야 했다.

자발적 가난의 실천은 개인만의 몫은 아니다. 사회의 몫이기도 하다. 경제와 분배는 사회의 밀접한 영향 아래 있기 때문이다. 이중직 목회를 하다 보면 경제 현실에 눈을 뜨게 된다. 부의 개념과 기준도 바뀐다. 그제야 이해가 된다. 돈을 너무 사랑해서,

일중독에 빠져서 일하는 사람은 생각보다 적다. 대다수의 사람들이 그렇게 해야만 하기에 열심히 일하고 돈을 모은다. 넉넉한 부모의 도움 없이 시작한 신혼부부는 빚으로 결혼생활을 시작한다. 수십 년을 갚아야 하는 대출 항목들, 자녀 양육과 살림살이의 경제 항목들이 끝없이 채찍질함을 알게 된다. 장 목사는 이와 같은 현실 안에서 신앙을 물었다. 희망이 보이지 않는 경제 현실 안에서 자발적 가난을 말할 수 있을까? 개인의 문제만이 아니었다. 경제구조의 문제, 부의 재분배에 관한 사회구조의 변화와 함께 동반되어야 하는 사안이었다.

"이중직 목회를 하며 나눔의 어려움을 더 깨닫습니다. 힘들게 번 돈이기에 더 애착이 생깁니다. 그래서 기도가 필요하고 말씀이 필요합니다. 이런 현실을 극복하고 성서가 고백하는 물질에 대한 해방과 자유의 길은 나눔에 있기 때문입니다."

장 목사는 누구보다 나눔의 어려움을 잘 알고 있다. 또한 힘겨운 노동의 대가로 받은 임금의 소중함을 느낀다. 자연스레 돈에 대한 애착이 커지고 있음을 의식하고 있다. 장 목사는 이 지점에서 신앙의 자리를 발견한다. 물질에 대한 구속에서 해방되는 길이 기독교 신앙 안에 있다고 말한다.

자발적 가난을 실천하고 돌봄의 역사에 동참하는 삶은 한순간에 이뤄지는 기적이 아니다. 점진적인 훈련과 적용, 실패와 도전의 흐름 속에서 이뤄가는 여정으로의 기적이다. 장 목사는 함께 고민하고 풀어가는 공간의 역할을 교회가 감당해야 한다고 말한다. 그렇게 세상과 하나님 나라를 이어가는 중간다리로의 교회를 상상한다.

교회담장을 넘어 세상의 한복판에서 살아보니 신앙을 실천하는 일이 얼마나 어려운지 체감한다. 세상은 생각보다 교회에 무관심하다. 반면 교회내부 안에서 들리는 자성의 목소리는 넘쳐난다. 비판과 함께 새로운 교회의 모형들도 생겨났다. 그러나 형태에 대한 변화일 뿐, 신학에 대한 변화는 쉽게 시도되지 않는다. 올바른 교회를 꿈꿔왔던 지난 여정이다. 그러나 지친 것도 사실이다. 변화의 가능성에 의문도 생긴다. 그럴 때마다 다시 마음을 세우기 위해 기도한다. 비판을 넘어 세상과 하나님 나라를 이어가는 자신의 사역과 일상, 이음교회가 되기 위해 오늘도 다시 세상을 향해 나아간다.

그리스도인에게 돈이란

그리스도인에게 돈이란 생존을 위한 필요 수단이자, 이웃을 향한 돌봄의 도구다. 그리스도교 신앙의 핵심은 돌봄이다. 내가 가진 돈으로 가난한 이웃을 돕고 자비를 실천해야 한다. 그러나 힘겨운 노동의 대가로 얻은 돈을 나누는 일은 어렵다. 훈련이 필요하다. 공동체 안에서 함께 영성을 훈련하고 방법을 나누며 서로를 격려해야 한다.

그리스도인에게 일이란

노동에 대가가 있다. 농부가 땀을 흘려 농작물을 결실한 기쁨은 노동이 주는 선물이다. 노동의 대가에 인색한 사회가 되서는 안 된다. 노력한 만큼 결실을 누릴 수 있는 사회가 되도록 노력해야 한다. 특별히 교회 안에서 은혜란 미명 하에 경제구조를 비판하는 시선을 회피하려 한다. 노동의 가치와 대가를 정당히 받을 수 있는 사회를 만들기 위해 교회와 그리스도인들이 먼저 문제의식을 가져야 한다.

그리스도인에게 교회란

자발적 가난을 실천하고 돌봄의 역사에 동참하는 삶은 한순간에 이뤄지지 않는다. 점진적인 훈련과 적용, 실패와 도전의 여정 속에서 이뤄진다. 모양은 다를 수 있다. 다양한 삶의 이야기와 방식들은 존중되어야 한다. 교회는 이런 고민을 함께하고 풀어가는 모임이다. 그렇게 세상과 하나님 나라를 이어가는 징검다리다.

주원규

글쓰기의 가치를 신학과 목회에 녹여내는 이가 있다. 주원규 목사다. 주 목사는 "열외인종 잔혹사(2009)"로 제14회 한겨레문학상을 수상하며 등단했다. 그 후로 장편소설과 영화, 드라마 시나리오 등 다양한 작품활동을 통해 신앙의 가치를 현실에 녹여내기 위해 힘쓰고 있다. 주일에는 건물 없는 교회인 '동서말씀교회'의 목회자로 활동한다. 성서 원문을 함께 읽어가며 로고스(logos)에 집중된 목회를 이어오고 있다.

들어가는 사이

믿음의 본질, 흔들림

예수가 전하는 믿음의 본질은 무엇일까? 이 질문에 대한 길이 십자가 위에 못 박힌 예수의 모습 안에 있다. 십자가 위에서 경험한 신의 부재와 어둠. 회의와 흔들림. 그럼에도 자신에게 주어진 생명의 여정에 순응하며 존재의 어둠까지 끌어안는 자기 초월의 모습이 믿음의 본질을 드러낸다.

십자가 위의 예수는 믿음의 본질이 '흔들림'이라는 것을 가르쳐준다. 그렇다. 믿음은 흔들리는 것이다. 확신과 회의를 반복하며 깨달음에 다가서는 길 위의 삶이다. 변함없는 신념과 로봇과 같은 흔들림 없는 감정을 믿음으로 정의한다면 예수의 믿음이 아닌 잘못된 종교가 가르친 믿음일 것이다.

타락한 종교는 흔들림의 신비를 허락하지 않는다. 복잡하기 이를 데 없는 일생을 몇 마디 종교 언어로 단편화시킨다. 인간에 대한 깊은 이해와 공감을 잃어버린 왜곡된 종교는 무례하고 폭력적이다. 그럼에도 이런 종교가 인간에게 매력을 주는 이유는 불확실한 삶과 존재가 주는 불안 때문이다. 쉽게 선과 악을 구분 짓고, 정답을 가져야만 삶이 편안해지기에 인간은 확실한 종교와 깨달음을 찾아 헤맨다.

흔들리며 걷는 믿음의 징표 중 하나가 '성찰하는 능력'이다. 종교적 자아는 성찰적 자아로 연결되기 마련이다. 견고했던 자기 세계에 일어나는 균열과 자기모순을 직면한다. 이것은 타자를 향한 개방성으로 열매 맺는다. 자기 초월과 세계관의 확장이란 새로운 영성 세계를 경험한다. 이런 믿음의 여정에 긍정적 영향을 주는 방법이 있다. '글쓰기'다.

글을 통해 대상화된 자기를 바라보며 그동안 바라보지 못했던 자기 내면의 빛과 어두움을 마주하게 된다. 거리를 두고 본 나는 새로운 나다. 알지 못했던 나다. 글쓰기의 신비다. 새로운 나는 이전의 나를 놓아주며 새로운 창조의 밑거름이 되어준다. 동시에 타자를 향한 여백도 커진다. 그렇게 글을 쓰며 존재는 확장되고 진리에 대한 인식의 품은 넓어지고 유연해진다.

이런 글쓰기의 신비를 신학과 목회에 녹여내는 이가 있다. 주원규 목사다. 그는 "열외인종 잔혹사(2009)"로 제14회 한겨레문학상을 수상하며 등단했다. 그 후 장편소설과 영화, 드라마 시나리오 등 다양한 작품 활동을 통해 신앙의 가치를 현실에 녹여내기 위한 노력을 기울이고 있다. 주일에는 건물 없는 교회인

'동서말씀교회'의 목회자로 활동한다. 성서 원문을 함께 읽어가며 로고스(logos)에 집중된 목회를 이어오고 있다.

글쓰는 목사

> "무엇을 해야 할지 몰라 막막했던 시간이었습니다. 도서관에서 책을 읽으며 많은 시간을 보냈습니다. 동시에 글도 쓰기 시작했습니다. 그러다 어느 신문사에서 개최하는 신춘문예 단편소설 부분에 글을 투고하게 되었고 수상을 하게 되었습니다. 이후부터 작가 활동을 시작했습니다. 그런데 이 시기에 신학공부도 같이 시작했습니다. 주변 지인들의 권유로 말이죠."

주 목사는 30대 중반까지 삶의 어두운 터널을 통과해야 했다. 일용직, 시간제 아르바이트로 근근이 생활을 이어갔다. 미래를 알지 못했다. 명확한 생각과 판단이 서지 않았다. 막막했던 시간, 책과 글쓰기는 가장 큰 위로와 희망이 되어주었다. 많은 시간을 도서관에 앉아 책을 읽고 내면의 흐름을 면밀히 살피고 서술했다.

농밀한 고독의 시간을 보냈기 때문일까? 주 목사에게 새로운 기회가 찾아왔다. 호기심과 간절함으로 써 내려간 단편소설이 모 신문사 신춘문예작으로 당선된 것이다. 글을 정식으로 배운 적도 없었다. 그저 많이 읽고, 많이 생각하며, 많이 썼을 뿐이다. 삼다(三多)의 단순함을 성실히 실천하며 자기 내면의 소리에 충실했던 것이 글쓰기를 위한 노력의 전부였다.

새로운 길은 여기에 그치지 않았다. 지인들의 권유로 신학을 공부하기 시작한 것이다. 소명의식 때문은 아니었다. 그저 인간에 대한 깊은 물음이 신에 대한 관심으로 이어진 것이다. 하지만 신학의 여정은 학문을 넘어 삶의 고백으로 다가왔고 목사가 되기로 결심하기에 이르렀다. 어느덧 목회 10년 차에 접어들었다. 건물 없는 교회로 교인의 가정이나 카페, 야외 공원 등 다양한 장소에 모여 함께 성서를 강독하고 삶을 나누었다. 공동체의 여정을 통해 기독교 신앙의 본질과 시대가 요청하는 교회가 무엇인지 교인들과 함께 물었다. 장소를 바꿔가야 하는 피곤함과 더불어 나그네만이 누릴 수 있는 낭만도 공존했던 시간들이다.

실패와 방황 없이 자신의 길을 찾는 이가 있을까? 주 목사의 이야기를 들으며 아무것도 할 수 없는 시간은 위기이자, 기회의 시간임을 다시 한 번 느낀다. 어쩌면 이 시간은 신이 허락한 시간인지 모른다. 고독에 침잠하며 살아온 이력을 살피고 살아가야 할 내일을 꿈꿔야 하는 시절, 이 시간 우리는 좀 더 용기를 내 골방에 들어가 자신과 대화를 나눠야 한다. 내면의 어지러운 현실과 얼룩진 상처를 보듬고 그 사이로 들어오는 하늘의 위로와 격려를 경험할 때 새로운 삶의 계절이 찾아올 것이다.

> "제가 글을 쓰는 이유는 두 가지입니다. 하나는 자기 치료를 위한 글쓰기입니다. 저는 글을 쓰며 자기 치유를 경험합니다. 다른 하나는 생계를 위한 글쓰기입니다. 기독교 매체나 일반 매체에 칼럼을 기고하고, 영화, 드라마, 시나리오를 집필합니다. 소설책, 기독교 관련 신학 서적을 출판하기도 합니다."

주 목사에게 글쓰기는 존재와 소유 모두를 채워주는 귀한 선물이다. 그러나 늘 아름다운 것만은 아니다. 글쓰기도 노동이기 때문이다. 사유의 치열함 속에 사투를 벌여야 한다. 또한 아무리 내가 좋아하는 일이라도, 그것이 경제활동이 되는 순간 의미가 달라질 수 있다. 자본가 혹은 의뢰자의 입장과 작가의 개성이 만나는 타협점을 찾아야 한다. 속과 겉의 불일치, 이상과 현실의 괴리를 일정 부분 수용해야 한다.

또한 주 목사는 교회야말로 자기 성찰을 위한 글쓰기가 필요한 곳이라고 말한다. 맹목적이고 질문 없는 신앙은 건강하지 않기 때문이다. 글쓰기를 통해 사유와 질문의 근육을 키우고 신앙의 본질을 물을 수 있도록 훈련해야 한다. 주 목사는 교인들이 스스로 질문하고 생각할 수 있도록 돕는 역할이 목사의 중요한 일이 되어야 한다고 말한다.

신학교 시절 이런 질문을 많이 들었다. '목사는 목자인가요? 양치는 개인가요?' 난 양치는 개라고 답했다. 목자는 예수라 믿기 때문이다. 목사는 예수가 아니다. 목사는 사람들이 예수께로 다가갈 수 있도록 외치는 자다. 그렇기에 답을 주는 자가 아닌, 화두를 던지는 자다. 방황을 허락하며 다시 돌아와 안길 수 있는 너른 품을 가진이다.

불명확함이 주는 혼란스러움에 대한 두려움 때문에 진리에 대한 의심을 거절하고 맹목적 신앙을 지속하도록 방치하는 것은 목사의 직무를 유기하는 것과 같다. 주 목사는 말한다. 교인들이 진리에 다가설 수 있도록 목사들은 글쓰기와 독서를 훈련해야 한다고. 그는 책을 읽고, 글을 쓰는 교회 문화를 만들기 위해 글쓰기 교육과 집필, 다양한 주제의 강연들을 진행하고 있다.

기독교 우월주의에 대한 경계

"기독교 세계관을 우월하게 여기며 성과 속을 구분 짓는 우월주의가 제 안에도 꿈틀거리고 있습니다. 기독교 세계관을 중심으로 세속 사회를 계몽해야 한다는 기독교 중심의 세계관과 우월의식을 지우기 위해 노력하고 있습니다. 이유는 세속 사회 안에도 자체 정화 기능이 있음을 발견했기 때문입니다. 대승적 의미 안에서 하나님의 섭리가 작동되고 있음을 사회활동을 통해 체험합니다."

주 목사는 세속 사회를 계몽시켜야 한다는 기독교 세계관을 회의적으로 생각한다. 세상을 바꿔야 한다는 교회와 목사들의 외침. 세상을 낮은 차원의 삶으로 바라보는 자기 우월주의의 시선이 마뜩지 않다. 구원받은 자라는 믿음 안에서 자신을 세상의 중심에 놓는 교만. 그렇게 변화와 구원을 외치며 병들어가는 교회의 현실을 인식하지 못하는 종교인들의 모순을 바라보며 많은 생각을 하게 된다.

반면, 세상은 달랐다. 사랑과 정의의 균형을 위한 성찰과 성숙의 움직임은 지속적으로 일어났다. 타락한 정치와 돈에 분노했

으며 불의에 저항하기 위해 정의를 외쳤다. 사람다운 세상, 생명이 존중받는 사회를 만들기 위해 자신의 삶을 투신했다. 여전히 악과 부패는 존재한다. 그러나 세상은 교회보다 열린 공간이었다. 존재의 성숙과 일상의 평화를 위한 삶의 고투가 있었다. 주 목사는 그 안에서 보이지 않지만, 세상을 구원하는 하나님의 손길을 경험하고 있다.

기독교의 하나님은 교회를 통해서 일하지만, 교회만으로 일하지 않는다. 하나님은 교회와 종교인들이 말하는 문화와 담론을 초월해 움직인다. 그의 손길이 일상과 현실에서 제한적으로 다가오는 이유는 교회 세계관과 언어 안에서만 하나님을 찾으려 하기 때문이다.

주 목사는 이와 같은 인식의 축소가 만드는 신앙의 축소를 걱정한다. 교회 중심의 세계관, 세속과 단절된 우월의식은 종교의 고립을 야기하고 그 고립은 진리의 왜곡과 부패로 이어지기 때문이다. 교회가 부패하는 이유는 문을 열지 않기 때문이다. 신학의 문, 예배당의 문, 인식의 문, 성품의 문을 굳게 닫은 채, 스스로 옳다 여기는 자만으로 멸망을 초래하고 있다. 주 목사는 이런 현실을 안타깝게 여긴다. 동시에 말한다. 이런 교회를 갱신하는 일은 파국을 목도하는 종말론적 의식이라고. 그리스도인이 세상 안에서 길을 잃어보는 방황을 통해 갱신이 이뤄질 것이라고.

새로운 신앙 생태계에 대한 희망

"한국교회는 샤머니즘과 맘몬이 결합된 형태입니다. 예수교의 신앙적 원본 자체가 없어졌습니다. 교회의 생태계는 회복 불가능한 상태입니다. 어떻게 해야 할까요? 성서가 우리에게 주는 모티브는 '각자도생'(各自圖生)입니다."

여기서의 각자도생은 자기만 살겠다는 의미가 아니다. 주 목사의 주장은 로마제국의 탄압에 굴복하지 않고, 사람 없는 변방에 숨어들어 신앙을 지켰던 초대교회를 근거로 한다. 무리가 아닌 개인으로, 혹은 작은 공동체로 서로를 지지하며 신앙의 맥을 이어갔던 초대교회 교인들처럼 샤머니즘과 맘몬에 함몰된 한국교회를 벗어나 신앙의 본질로 돌아가기 위해 흩어져 각자의 자리에서 살아남은 이들을 통해 새로운 신앙 생태계가 형성될 것이란 예측이다.

그는 이중직 목회, 건물 없는 교회 등. 신앙의 원본을 지키기 위해 고군분투하는 이들에게서 한국교회의 희망을 본다. 그러나 이들은 중심이 아닌 변방에 있다. 주류가 아닌 비주류이기에 외적인 성장과 안정적인 생활을 보장받지 못한다. 그럼에도 이들이 살아남아야 한다고 주 목사는 말한다. 또한 이런 길을 걷고 있는 목사와 교회는 사명감을 갖고 살아남기 위해 힘써야 한다.

그러나 개혁을 말하는 이들은 조심해야 한다. 자신도 개혁의 대상임을 잊지 말아야 한다. 그렇지 않을 때 개혁은 개혁이 아닌, 또 다른 권력과 명예, 부의 수단으로 이용될 수 있다. 그토록 비판했던 누군가의 삶과 닮아가게 된다. 주 목사는 말한다.

"한국교회의 부패를 마주하며 대안을 모색한 이들이 있습니다. 대안이란 말과 함께 새로운 구조를 모색하는 문화가 생겼습니다. 대안교회, 대안공동체, 대안학교 등 좋은 시도였습니다. 그런데 이 안에 부작용도 있습니다. 우리만 옳다는 말초적 생각과 새 구조를 만들었다는 우월주의의 함정에 빠지는 겁니다. 또한 개혁의 주체들 역시 옛 구조의 영향 아래 있음을 의식하지 못하는 인식의 한계를 보입니다. 이런 문제는 필연적으로 또 다른

폭력과 부패를 만들어내기 마련입니다."

대안이란 말과 함께 등장한 수많은 시도들. 주 목사는 개혁적인 활동 속에 깔린 우월주의와 폭력성에 문제를 제기한다. 개혁을 외치면서 옛 구조 안에서 신음하는 이들의 고충과 치열함을 정죄의 눈으로만 바라보는 이들이 있기 때문이다. 사랑 위에 세워지지 못한 정의로 또 다른 폭력과 상처, 전쟁을 야기하는 이들이 있다.

성서가 전하는 하나님의 심판은 살림을 위한 심판 아니던가. 그렇다면 대안이란 말 역시 생명 살림과 회복을 위한 길이 되어야 하지 않겠는가. 그럼에도 스스로의 우월감에 갇혀 자신들만의 구원을 자랑하는 이들에게서 신의 은총을 느낄 수 있을까?

결국 주 목사는 각자도생의 길에 선 이들이 기존 구조 안에 있는 개인의 현실을 인식할 것을 주문한다. 자신의 세계관과 정신, 육체 안에 이미 퇴적되어 떨쳐낼 수 없는 현실과 영향력을 인정해야 한다는 말이다. 각자도생의 주체들은 옛 구조에 대한 회의와 실패를 끌어안고 겸손히 하늘의 은혜를 구해야 한다. 무의식 세계 안에 내재한 자기 의로움의 거품을 끝없이 거둬내고 가벼움과 순수함, 의연함과 유연함으로 무장해야 한다. 그렇게 타락한 구조 안에서 살아가며 저항해야 한다. 언제인지 모를 하늘의 때를 기다리며. 희망의 끈을 부여잡고.

삶은 그리 단순하지 않다

> "돈에 대한 비판적 입장이 반드시 필요합니다. 하지만 돈에 대한 존중 역시 필요합니다. 단순히 이분법적 프레임으로 해석하지 않았으면 합니다. 먹고사는 문제는 현실입니다. 타협도 옳지 않지만, 현실성을 결여한 비판도 무익합니다."

돈은 인간의 삶을 지탱하는 중요한 축이다. 현실을 부정하는 신앙은 현대판 영지주의다. 사람마다 관계, 역할, 생활수준이 다르다. 각자의 아비투스(Habitus, 개인의 문화적인 취향과 소비의 근간이 되는 성향)를 고려하지 않은 채, 획일적으로 판단하는 태도를 주의해야 한다. 돈에 대한 큰 틀의 문제 제기는 반드시 필요하다. 그러나 그 안에서 개인의 삶과 이야기들이 묻혀선 안 된다. 삶은 상대적이기 때문이다. 이상적인 비판이 전체주의적 논리로 빠지지 않도록 주의해야 한다.

나는 교회에서 주는 월급으로 살아갈 때 현실 경제의 치열함을 알지 못했다. 맘몬의 유혹을 믿음으로 극복할 수 있다고 쉽게 설교했다. 그러나 이중직 목회자로서 현실을 새로 경험하고 있다. 돈을 벌기 위해 목숨 거는 일은 단순히 돈이 좋아서가 아님을 깨닫는다. 그것은 생존을 위한 노력일 뿐이다. 사랑하는 이들을 지키기 위한 책임감이다. 그렇다고 많은 돈을 버는 것도 아니다. 벌고 싶다고 벌 수 있는 것도 아니다. 피로감과 허무함, 존재의 비루함을 감수하며 작은 소득을 얻는다. 때로는 자신과 이웃을 속여야만 하는 현실도 예전엔 알지 못했다.

> "샤넬을 좋아한다고 자본주의의 노예라고 말할 수 없습니다. 모두가 같은 이유로 샤넬을 좋아하지 않습니다. 한 개인이 특정한 기호 안에서 어떤 부분의 필요를 채우고 심미성을 느끼는지 우린 알 수 없습니다. 매도해서는 안 되는 것입니다."

유명 상표의 기호를 소비하는 그 자체를 넘어 이제는 무엇 때문에 명품을 소비하는가에 대한 질문으로 넘어가야 한다. 그것이 왜 필요한지, 어떤 필요를 채우기 위한 욕구인지 물어야 한다. 그럴 때 돈과 소비, 소유에 대한 건강한 의식과 문화가 태동할 수 있다고 주 목사는 말한다.

주 목사는 자본주의에 대한 문제의식, 동시에 회복의 길을 찾도록 돕는 곳이 교회가 되어야 한다고 말한다. 목사는 함께 고민하며 질문하는 인도자다. 강한 카리스마로 인생의 정답을 알려주는 목사와는 거리가 멀다. 교인들 스스로 만남과 대화 안에서 자신을 발견하고 인정과 위로를 경험할 수 있도록 유도한다. 교인들은 다시 현실로 돌아가 문제를 해결하고 돈의 속박에서 벗어난 건강한 삶을 위해 도전한다. 주 목사가 꿈꾸는 각자도생 신앙공동체의 모습이다.

같이 살아가지만 다르게 살아가는 그리스도인

"노동의 가치가 왜곡된 시대입니다. 일단, 노동 시간이 지나치게 많습니다. 또한 노동을 통해 만나는 이웃을 경쟁상대로 여깁니다. 마지막으로 노동이 지닌 자기표현과 자아실현이라는 가치를 묻지 않습니다. 오로지 돈을 벌기 위한 수단으로 여겨집니다. 이런 문화에서 신앙이 정의하는 노동의 가치를 실현하며 살아간다는 것은 살아가는 같은 시대를 살아가는 사람들에게 특이해 보이는 삶일 것입니다."

주 목사도 글 쓰는 일을 하며 노동의 소외를 경험하곤 한다. 영화나 드라마 시나리오 작업은 더욱 그렇다. 자본이 집약된 영역이기 때문이다. 자기 목소리를 오롯이 낼 수 없는 한계를 마주한다. 자연스럽게 자기 소외가 일어난다. 하지만 주 목사는 버틴다. 아수라장 같은 땅에 발을 딛고 있지만, 이상과 가치만큼은 하늘에 둔다. 신앙이 전하는 주어진 노동의 현실을 인정하며 노동의 이상적 가치를 실천하기 위해 나름의 지혜를 구한다.

자본주의 현실을 살아가는 현대인들에게 예수의 가르침을 실천하는 일은 동시대 사람들과 다른 삶을 살아가는 것이다. 대중적이지 않은 삶의 방식, 선뜻 따라가기엔 조심스럽고 부담스러운 삶으로 다가온다. 그런데도 가슴에 울림과 여운을 남긴다. 먼 발치에서 바라보지만 지속적인 눈길과 관심으로 바라보게 만든다.

예수를 따르는 삶은 세상의 방식을 거스른다. 그렇다고 예수가 현실을 부정한 것은 아니다. 몇 마디 종교적 언설로 정신적 초월을 가르치지 않았다. 오히려 철저히 현실을 살았다. 그 안에서 변화를 갈망했다. 포기하지 말고 하나님 나라를 만들어보자고 독려했다. 생명을 향한 애절한 하나님의 사랑을 신뢰하며.

노동이 소외된 현실에서 절망만 할 일이 아니다. 먹고살기 위한 버티기, 동시에 그 안에서 노동의 가치를 물으며 하늘의 도움을 구하는 기도의 손이 함께해야 한다. 각 세대에 주어진 역할의 몫을 헤아리며 내가 있는 자리에서 잃어버린 노동의 본질적 가치를 회복하기 위해 함께 고민해야 한다. 이런 역할을 맡아야 할 곳이 어디인가? 주 목사는 다시 말한다. "교회"라고.

교회의 내일을 고민하다

"한국교회는 타의적 해체 과정을 거칠 것으로 예상합니다. 여기서의 해체는 단순한 외형의 해체를 의미하지 않습니다. 저에게 해체는 본질의 상실, 가치의 훼손입니다. 이런 맥락 안에서 볼 때, 맘몬에 가치에 함몰된 한국교회는 이미 해체가 되었다고 봐도 무방합니다. 그러나 여전히 맘몬의 가치를 선용하려는 부질없는 움직임들이 있습니다."

맘몬에 함몰된 교회의 외형은 쉽게 해체되지 않는다. 믿음의 내용을 떠나 연약한 인간의 마음과 불안한 존재의 지지대로 자리매김하고 있기 때문이다. 시대가 아플수록 왜곡된 종교는 흥했다. 지금도 이 명제는 유효하다. 현시대를 보라! 왜곡된 종교단체에 북적거리는 사람들, 종교적 환상에 심취한 이들의 초점 잃은 눈빛과 상실된 현실 감각, 일상과 상식에서 벗어난 몰상식적인 세계관. 그럼에도 여전히 이들은 굳건하다.

주 목사가 말하는 한국교회의 타의적 해체는 외형적 관점보다 본질의 상실, 가치와 형태의 상실 쪽에 가깝다. 여러 형태의 대안을 모색하는 움직임은 단순한 유행이 아니다. 기존에 존재했던 가치와 형태에 한계가 왔음을 드러내는 현상이다. 변화를 향한 움직임이 일어나고 있다는 반증이다.

주 목사는 교회의 변화 기준을 현상이 아닌 신학의 변화로 설정했으면 한다. 아무리 새로운 현상과 문화가 등장해도 신학에 변화가 없다면 개혁이라 말할 수 없다. 예를 들어보자. 어느 이단의 교주가 성폭력으로 실형을 선고받았다. 이후, 단체 안에서 여전히 교주를 지지하는 세력과 개혁을 말하는 세력으로 나뉘어 싸우기 시작했다. 그들 안에서 일어나는 개혁을 개혁이라 말할 수 있겠는가? 이처럼 교회 개혁은 신학의 변화다. 주 목사는 말한다. 유행처럼 따라 하는 대안, 자기 우월주의에 빠진 개혁보다 예수를 깊이 생각하며 본질을 묻는 신학적 개혁이 선행되어야 한다고.

주 목사와 대화하는 내내, 그의 깊은 인문학적 세계관을 느낄 수 있었다. 한쪽으로의 치우침을 경계하며 인간에 대해 깊이 이해하려는 그의 삶이 글쓰기를 통해 표현되고 있었다. 명쾌한 해결책을 제시해주고 싶은 유혹을 극복하고 물음의 여백과 모름의 기쁨을 누리는 작가, 목사, 한 사람이 되기 위해 치열하게 질문하고 사유하는 그의 열정 안에서 한국교회의 희망을 발견할 수 있었다.

그리스도인에게 돈이란

돈도 생물이다. 인간의 삶을 지탱하는 중요한 축이다. 이런 돈의 현실을 부정하는 신앙도 현시대의 영지주의다. 사람마다 관계, 역할, 생활 수준이 다르다. 각자의 아비투스(Habitus, 개인의 문화적인 취향과 소비의 근간이 되는 성향)를 인정하지 않은 채, 획일적으로 돈을 대하는 태도를 유보해야 한다. 돈에 대한 큰 틀의 문제 제기(의식, 세계관)는 필요하다. 그러나 그 안에서 개인의 삶과 이야기들이 묻혀선 안 된다. 삶은 상대적이기 때문이다. 각자의 이야기가 무시된 전체주의의 폭거를 세계대전이라는 아픔을 통해 인류는 이미 경험하지 않았던가.

그리스도인에게 일이란

노동의 가치가 왜곡된 시대다. 일단, 노동 시간이 지나치게 많다. 또한 노동을 통해 만나는 이웃을 경쟁상대로 여긴다. 마지막으로 노동이 지닌 자기표현과 자아실현이라는 가치를 묻지 않는다. 오로지 돈을 벌기 위한 수단으로만 여긴다. 이런 문화에서 신앙이 정의하는 노동의 가치를 실현하며 살아간다는 것은 같은 시대를 살아가는 사람들에게 특이해 보이는 삶일 것이다.

그리스도인에게 교회란

교회는 모임의 장(場)이다. 열린 대화의 자리다. 이 곳에서 목사는 함께 고민하며 질문하는 인도자다. 강력한 카리스마로 인생의 정답을 알려주지 않는다. 피상적이고 직접적인 내용으로 섣부르게 훈계하지 않는다. 한국교회의 갱신을 위해 주체적인 교인들이 많아져야 한다. 교인들 스스로 만남과 대화 안에서 자신을 발견하고 인정과 위로를 경험해야 한다. 다시 현실로 돌아가 문제를 해결하고 속박에서 벗어난 건강한 삶을 위해 도전할 수 있도록 공감과 깨달음, 위로가 있는 곳이 교회다.

구도자의 길을 걷는 이가 있다. 배움을 삶에 적용하며 진리를 실험하는 자. 막연하고 추상적인 복음이 아닌, 살아있는 체험적 삶으로 복음을 전하는 목사가 있다. 강화 일벗교회 서정훈 목사다. 그는 사회적 기업 콩세알 대표이기도 하다. 부드러운 미소와 넉넉한 손길. 경영과 노동, 목회 등 다양한 활동에 피로한 눈빛이다. 그러나 생명살림과 하나님 나라 공동체에 관한 주제와 과제 앞에선 예리한 논리와 영민한 눈빛으로 생동감을 보여준다.

예수의 경제학

공허한 설교

예배란 무엇인가? 아니, 무엇이어야 하는가? 칼릴 지브란은 말하길, 진리란 삶 속에 있다고 했다. 결국 예배란, 역사적 예수가 꿈꾸던 하나님 나라를 이 땅에 이루기 위한 결단의 신호탄이다. 예배는 삶의 완성이 아닌 시작인 셈이다. 교회는 앎의 도착지가 아닌 출발지라고도 말할 수 있다. 오늘날 예배의 현실은 어떤가?

하나님 나라를 위한 예배란, 예수가 직면했던 현실이 무엇이었는지, 현실 속에서 예수가 선택한 삶은 무엇이었는지 묻는 것을 포함한다. 세상살이에 지쳐 고민을 멈추는 시간도 예배지만, 비 내일의 선택과 삶에 대한 근본적 물음을 던지는 시간도 예배다. 근원으로부터 떨어진 존재와 삶을 깨닫게 하며 삶의 재형성을 돕는 것, 이것이 종교(religion)와 예배가 해야 할 또 하나의 역할이다.

몇 해 전부터 이 정의가 내 마음을 힘들게 한다. 말과 생각, 개념과 논리를 소리와 글에 담아 열심히 말했다. 그런데 정작 삶은 따라오지 못하고 있었다. 하나님 나라를 위한 설교자의 물음과 고민을 달가워하지 않는 청중들의 반응과 동료 목사들의 회의적 시선 또한 나를 공허하게 만들었다.

어디서부터 시작해야 할까? 교회 안에서 설교와 심방만 하던 이가 새롭게 무슨 일을 할 수 있겠는가? 할 수 있는 일과 취향을 어디서, 어떻게 발견할 수 있겠는가? 의구심과 절망감으로 점철된 마음이었다. 하지만 세상은 좁았다. 내가 한 고민은 이미 누군가의 고민이었다. 내가 찾은 답 역시 이미 누군가가 찾은 길이었다. 그렇게 앎과 삶의 일치를 향해 나아가는 도반(道伴)들과의 인연이 시작되었다.

일벗교회와 서정훈 목사

신앙은 길 위의 삶이다. 걸음은 고된 노동이다. 존재의 보람과 함께 피곤함을 동반한다. 그럼에도 진리에 대한 인식이 확장되고 존재가 가벼워지는 맛을 한 번이라도 본이라면, 길 위의 삶을 포기할 수 없다. 이상과 현실을 오가는 경계 사이의 방황을 멈추지 않는다. 이런 길 위의 모험과 방황을 숙명처럼 받아들인 이를 '구도자'라 부른다.

강화 일벗교회 서정훈 목사. 그는 구도자다. 앎을 삶으로 번역해 내기 위해 힘쓰고 있다. 막연한 말이 아니라, 삶으로 복음을 살아내려 분투하고 있다. 그는 사회적 기업인 콩세알의 대표이기도 하다. 경영과 노동, 거기에 목회까지. 그는 피로할 수밖에 없다. 하지만 생명살림과 하나님 나라 공동체에 관한 이야기 앞에선 예리한 논리와 영민한 눈빛이 반짝인다.

서 목사는 강화의 농부 집안에서 태어났다. 자연히 신학교 때부터 농촌선교와 목회에 관심을 갖게 되었다. 생태신학을 공부하며 농(農)을 기반으로 한 정주 목회와 공동체적 삶을 깊이 모색했다. 자연과 이웃, 땅과 벗하며 공동체적 세계관으로 사는 것이 생명살림에 동참하는 근본적 방법이라는 확신과 함께, 지난 2001년에 고향으로 돌아왔다.

서 목사는 귀향 후 교회 개척을 하지 않았다. 그에게 교회란 건물이 아닌 모임이었고, 공동체 그 자체였기 때문이다. 그저 농사를 짓고, 생협이나 지역사회의 일들을 가리지 않고 했다. 그러는 동안 마음과 뜻이 맞는 벗들을 만나게 되었다. 그 만남에 의해 '일벗 생산 공동체'가 탄생했다. 결국 구성원들의 추대로 '일벗 교회'의 담임목사가 되기에 이르렀다. 몸과 마음이 모여 모임이 되었고, 모임이 교회가 된 것이다.

그에게 노동은 단순히 돈벌이가 아니다. 노동은 영성이고, 사명이다. 하나님 나라의 생명을 살리는 일이다. "예수의 노동은 생명살림이었습니다. 하나님께서 일하시니 나도 일하신다는 예수의 말씀처럼 우리도 생명을 살리기 위해 노동해야 합니다." 일벗 교회의 지향점도 그의 고백과 동일하다. 일벗 교회는 생명을 살리는 일을 벗 삼는 이들의 모임이다. 함께 일하고, 함께 먹고 마시며, 함께 살아간다. 나와 너의 경계를 허물어가며 새로운 '우리'와 '자신'이 되기 위해 힘쓰고 있다. 그렇다면, 일벗 교회에서 목사의 역할을 무엇인가? 서 목사는 말한다.

"목사는 가장 많이 일하고 희생할 수 있어야 한다고 생각합니다. 가장 많이 나서지 않는 사람으로 공동체 속에 소리 없이 녹아들 아가야 합니다. 변함없이 지켜보며 기도하고 바닥에 머물러 있기를 힘써야 합니다. 그러나 저는 그렇지 않습니다. 현재 가장 많이 나서고 있습니다. 아직 해결되지 않은 숙제입니다."

생명의 경제학

자본주의란 무엇인가. 인류 역사는 변증법적 과정을 통해 전개되어 왔다. 수많은 실패와 시행착오를 통해 생존을 위한 최선의 방법과 구조를 만들어낸 것이다. 완벽할 수 없고, 당연히 빈틈과 모순이 존재한다. 자본주의 경제 체제가 꼭 그렇다. 현재로서는 최선일 것이다. 하지만 수많은 문제를 껴안고 있다. 체제의 빈틈을 채우고, 모순을 극복하는데 앞장서야 할 기독교가 오히려 단점을 극대화하는 중심에 서 있다.

> "저는 조직신학을 전공했습니다. 인간론을 주제로 논문을 썼습니다. 농촌에 대한 문명인들의 폭력적 태도가 늘 고민이었습니다. 생태계 파괴에 대해서도 문제의식을 절감했습니다. 신학은 답변을 요청받고 있습니다. 절박한 생태 위기의 시대에, 지속 가능한 생명의 길은 무엇인지 대답해야 합니다."

지배와 정복 이데올로기로 무장한 욕망의 기독교는 예수와 무관하다. 인간은 창조세계와의 유기적 관계 속에서, 철저히 의존적 존재일 뿐이라는 현실을 일깨워야 할 기독교가, 오히려 자본주의의 타락을 부추기고 있는 현실이다. 예수의 하나님 나라라는 맥락을 제거한 채, 욕망을 충족시키는 요절들을 선별적으로 취한다. 하나님 앞에서 참으로 무례한 기독교의 모습인 것이다.

그 열매를 생태계 파괴와 기후변화로 보고 있는 현실이다.

> "우리는 그동안 성서를 잘못 읽어 왔습니다. 신학은 인간학입니다. 하지만 성서가 말하는 인간이 정녕 누구인지 묻지 않았습니다. 성서가 말하는 인간(人間)은 그 존재 자체가 이미 공동체적입니다. 창세기의 하나님은 독처하는 인간을 안타깝게 보십니다. 그래서 돕는 배필을 창조하십니다. 함께 살아가는 길벗들을 선물로 주셨다는 뜻입니다. 하나님께서 인간에게 주셨다는 창조성은 이런 맥락에서 파악되어야 합니다. 인간이 부여받은 창조성은 창조세계를 돌보며 세상과 사람을 이롭게 하는 것입니다."

창조 이야기는 아프리카인들의 '우분투'(ubuntu)와 잇닿아 있다. "함께 있기에 내가 있다"란 말이다. 하지만 우리의 현실은 어떤가? 경제 체제는 인간의 본성을 드러내는 시금석이다. 승자독식을 위해 구축된 경제 체제는 인간의 자기중심성을 여과 없이 드러내고 있다. 내가 살려다, 나도 못 살고 남도 못 살리는 악마적 현실이다. 하지만 예수의 경제학은 다르다. 생명을 살리는 경제학이다. 최소한의 존엄을 보장하려는 실제적 경제학이다. '사람이 떡으로만' 살 것이 아니라고 가르쳤지만, 굶주림에 허덕이는 민중들을 바라보며 애끓는 연민을 느낀 예수다. 그것은 단순히 감정적 연민에 그치지 않는다. 가난한 자들에게 직접적인 구원을 설파하고 그들의 배고픔을 해결해주는 실천적 연민이다. 서 목사는 이러한 예수의 경제관을 실현할 수 있는 가능성이 도시보다는 농촌에 많이 있다고 판단했다. 그렇게 시작된 여정이 벌써 20년을 향하고 있다.

예수 경제학의 실천, 사회적 기업

인생은 대개, 무지함 속에 일을 저지르고 수습해가는 과정을 통해 깨달음과 존재의 성숙을 이뤄간다. 서 목사 역시 예수 경제학에 대한 신학적 정립은 했지만, 구체적인 사업과 실천으로 번역해 내는 일은 만만치 않았다. 다양한 물음과 실험, 실패의 지난한 과정을 거쳐야 했다. 그러던 중 예상치 못했던 기회들이 주어지기도 했다. 그중의 하나가 '콩세알'이란 사회적 기업이다.

콩세알은 일벗 생산 공동체로부터 시작되었다. 일벗 생산 공동체는 생명과 지역을 살리기 위한 다채로운 사업들을 진행했다. 한편 농촌 사회의 해체, 농업의 붕괴, 식량주권의 위기와 같은 현실 문제를 해결할 대안을 모색해야 했다. 지역역량을 강화하고, 농촌 일자리를 확대하며, 새로운 자립과 자생의 농촌 모델을 확립하기 위해 힘썼다. 결국 2008년, 노동부는 이들의 사회적 가치를 인정해주었다. 그렇게 사회적 기업이 되어 지금까지 생명의 여정을 지속하고 있는 것이다.

사회적 기업은 말 그대로, 사회적 가치의 실현을 추구하는 기업이다. 영리활동을 하되, 무게 중심을 사회적 가치에 둔다. 여기서의 사회적 가치란 취약계층에 대한 경제적 돌봄이다. 정부가 지정한 취약계층을 우선적으로 취업시킨다. 그들에 의해 창출된 이윤으로 자립을 돕는 것이다. 콩세알의 경우도 그렇다. 절반 이상의 노동자가 취약계층이다. 이런 점에서 사회적 기업과 예수의 하나님 나라는 말만 다를 뿐, 같은 곳을 바라보고 있다. 예수도 헐벗고 가난한 자들의 삶을 실제적으로 치유하지 않았던가.

"농부들은 씨앗을 심으며 상상합니다. 작은 씨앗이 잘 자라서 많은 열매를 맺는 상상 말이죠. 그 결실로 식구들이 풍성히 먹고 이웃과 나누길 소원합니다. 하늘님과 자연에게 건실한 추수를 기원합니다. 함께 땀 흘려 일한 일꾼들과 신명 난 축제를 열고 기뻐하길 바라며 씨앗을 심습니다. 콩세알은 이러한 농부의 마음으로부터 시작되었습니다. 우리의 일을 통해 서로를 살리는 생명이, 기쁨이 넘치는 나눔이, 어우러져 지속되는 순환이 열매 맺게 되는 미래를 꿈꾸며, 씨앗을 심는 일들을 하는 것입니다."

콩세알은 "생명, 나눔, 순환"이라는 콩세알의 가치가 실현될 수 있도록 친환경 농법으로 지은 농산물을 가공해 두부, 콩나물, 장, 묵, 김치 등을 만든다. 상품 판매와 함께 지역사회에 환원도 한다. 방문하는 사람들에게 친환경 먹을거리를 소개하고, 직접 만들어 보는 체험의 기회도 제공한다. 농촌 사회를 살리기 위해 지역의 다양한 시민단체들과 협력 사업을 펼치기도 한다. 서 목사는 말한다.

"씨앗이 금방 열매로 나타나지 않습니다. 여러 손길들이 물을 주고, 김을 매고, 부지런히 돌보고 수고해야 합니다. 함께 일하는 사람들의 얼굴에 맺힌 땀방울에서 생명, 나눔, 순환이라는 희망의 열매를 봅니다."

이상은 어디까지나 이상이다. 현실에서 실현되기 위해 넘어야 할 현실의 장벽을 인정해야 한다. 예수의 이상은 한 번에 실현되지 않는다. 우리 세대 안에서 완성되지 않는다. 그 누구도 실현과 완성의 끝을 단정할 수 없다. 그저 주어진 하루와 지금 이 순간에 최선을 다할 뿐이다. 사회적 기업도 마찬가지다. 동기의 순수성에 대한 끝없는 자기검열은 물론이고, 지속 가능한 구조를 설계해야 한다. 경영자와 노동자 간에 역할과 입장의 다름을 인정하고, 사회적 가치의 실현이라는 공동의 목표 아래 끝없이 소통하며 연대해야 한다. 이야기를 나누며, 서 목사의 여정이 쉽지만은 않았음을 느낄 수 있었다. 생명에 대한 소명과 영성 없이 불가능했을 것이다. 끝없는 시행착오 속에 견고히 세워진 지혜를 느낄 수 있었다.

욕망을 부추기는 교회

한국 사회는 급격한 산업화와 경제성장의 시기를 거쳐 왔다. 곡선의 여유와 자연스러움을 찾아보기 어려웠다. 직선으로 내달려야만 했다. 한국 개신교도 그 흐름에 동참했다. 예수의 하나님 나라에 대한 관심보다는 부와 권력, 명예의 성취를 도와주는 번영의 신인 맘몬을 하나님으로 착각하며 직선의 예배 문화를 만들어냈다.

"자본주의 체제에서 기업은 이윤창출을 해야 합니다. 그런데 목적이 거기에만 그치면, 사회는 차별과 불평등으로 병들게 됩니다. 이러한 현상이 과연 성서를 통해 말씀하시는 하나님의 가르침과 맥을 같이 하고 있느냐는 것입니다. 그런데도 교회는 '홀로' 성공할 것을 부추기고 있습니다. 교회는 세태에 저항하며 정당한 나눔과 배분의 기업문화가 자리 잡도록 세상을 향해 예언자적 소리를 내야 합니다."

에릭 프롬(Erich Fromm)은 그의 저서, 「소유냐 존재냐(To have or To be)」를 통해 두 가지 삶의 방식을 소개한다. 하나는 존재하기 위해 살아가는 방식, 또 하나는 소유하기 위해 살아가는 방식이다. 물론 이분법적으로 나누지는 않는다. 둘은 동전양면과 같다. 문제는 무엇을 지향하느냐에 있다. 에릭 프롬에 의하면, 예수를 위시한 성서 속 대다수의 인물들은 존재적 삶을 지향했다. 존재하기 위해 소유했다는 뜻이다. 이들에게 소유는 하늘의 은총을 경험하게 하는 영성의 통로였다. 목적이 아닌 수단이었을 뿐이다. 물질세계는 정신세계로 나아가는 디딤돌이었으며, 감각은 초월을 경험하게 하는 매개였다.

"급격한 산업화, 경제화와 함께 한국 개신교 신학과 교회는 예

수의 본래적 가르침과 거리를 두게 되었습니다. 그동안 기성교회에서 부추겨 왔던 문화와 논리 이면에는 욕망을 제어하는 삶이 아닌, 욕망을 부추기는 습성이 숨어 있습니다."

타락은 본질의 상실로부터 시작된다. 교회도, 자본주의도 본질로 돌아가야 한다. 교회의 본질은 무엇인가? 자본주의의 본질은 무엇인가? "생명"이다. 이 땅에 존재하는 모든 것들은 생명을 위해 존재한다. 살기 위해, 살리기 위해 존재한다. 그런데 생명을 위한 도구들이, 생명을 억압하고 죽이는 모순의 역사는 여전히 지속되고 있다. 오늘날 한국교회가 회복해야 할 모습은 무엇인지 물었다.

"저는 오늘날 한국교회가 회복해야 할 가치는 친밀한 공동체성이라고 생각합니다. 단순한 관계성이 아니라, 신앙적 의미로 말하는 것입니다. 공동체성은 경쟁을 중요한 가치로 여기는 신자유주의 세계관 속에서 확립하기 어려운 가치관입니다. 그래서 생명에 대한 영성이 필요합니다. 하지만 교회도 어느 순간 경쟁과 욕망의 가치로 운영되고 있습니다. 결과적으로 교회 속 관계는 피상적일 수밖에 없습니다. 만남이 수단화되는 겁니다. 이런 문제를 해결하기 위해서는 자연 만물 안에 담긴 생명의 신비를 바라보고, 경외감을 느낄 수 있는 영성을 추구해야 합니다. 이러한 영성을 기반으로 한 공동체성이 회복될 때 한국교회도 회복되리라 생각합니다."

크지 않은 임금 격차, 노동의 허탈함

서 목사에게 회의 섞인 질문을 던지기도 했다. 경제적 정의를 실현하고, 가난한 이웃의 고난에 동참하는 기업과 사회를 만드는 일. 좋다. 절실한 일이다. 그런데 과연 그것이 가능한 것인지, 이상의 실현 여부를 판단할 수 있는 가치와 기준은 무엇인지 따져 물었다. 서 목사의 답변은 이상적이지 않았다. 오히려 현실적이었다. 모든 것이 현실과 생의 일부이며, 긍정적인 요소와 부정적인 요소, 그 모든 것들을 끌어안고 가야 함을 역설했다.

"저는 콩세알의 구성원이지만, 동시에 경영자입니다. 저 자신에게 경영자의 정체성과 역할, 책임에 대해 늘 묻습니다. 이상적인 이야기만 할 수 없습니다. 사회적 기업도 이윤을 창출해야 하는 기업입니다. 이상과 현실의 경계에 서 있습니다. 더 많은 긴장과 세밀한 돌봄, 현실 가능한 사업 계획이 절실합니다."

일반 기업의 설립 목적은 이윤창출이다. 능력의 기준을 성과와 경쟁력에 둘 수밖에 없다. 반면 사회적 기업은 사회적 목적 실현에 무게 중심을 둔다. 노동력과 전문성이 약한 취약계층의 경제적 활동을 돕는 일을 중요한 과제로 여긴다.

여기에 현실적 괴리가 있다. 사회적 기업은 복지단체가 아니다. 기부금으로 운영할 수도 없다. 수익을 올려, 자립해야 한다. 물론 정부의 지원 사업들도 있다. 그러나 기업의 근본적 자립을 이루기엔 역부족이다. 상품의 차별성, 가격 경쟁력, 판매를 위한 홍보, 마케팅 등 다양한 요소들이 균형 있게 뒷받침되어야 한다. 분명한 성과가 없으면 문을 닫아야 한다.

문제는 노동력이다. 사회적 기업에 속한 구성원들은 대다수가 취약계층이다. 장애, 나이, 사회 부적응자 등 일반적 고용 시장에서 배제된 이들이 주구성원이다. 당연히 생산성이 떨어진다. 시장은 냉정하다. 선한 마음으로 몇 번의 선행을 베풀 수는 있지만, 소비자는 자신의 노동력으로 얻은 돈을 쉽게 사용할 수 없는 법이다. 품질 좋은 착한 가격의 제품을 구매하려고 한다. 결국 취약한 노동력을 끌어올리는 노력을 기울이지 않을 수 없다.

그런데 더 큰 문제가 있다. 사회적 기업은 일반 기업에 비해 노동자 간 임금 격차가 크지 않다. 다른 이들보다 열심히 일해도 비슷한 임금을 받는다. 이로 인한 허탈감 때문에 콩세알을 그만둔 사람도 있었다. 자기 주도적으로 열심히 일을 하고, 성과를 낸 A. 수동적으로 일하며 성과가 미비한 B. 그러나 두 사람의 임금은 비슷했다. 이런 구조를 납득할 수 없었던 A는 성과에 의한 임금 책정을 요구했다. 자신의 요구가 받아들여지지 않자, A는 콩세알을 떠났다.

"사회적 기업은 크게 두 부류의 사람들이 모여 있습니다. 우선 사회가 정한 취약계층에 해당하는 이들입니다. 그리고 좀 더 나은 세상의 실현을 위해 동참하는 이들입니다. 하지만 아무리 좋은 마음으로 입사를 해도, 서로의 삶의 자리가 다르기에 불가피하게 발생하는 문제들이 있습니다. 사회적 기업 역시 풀어야 할 숙제가 있는 것입니다."

그렇다. 이상과 현실은 분명 다르다. 하지만 예수를 따른다는 것은 이 거리를 좁히는 일에 참여하는 것이다. 하나님 나라의 이상을 향해 한 걸음을 더 내딛는 노력을 끝까지 포기하지 않는 것이다.

대화를 통한 구조조정

사회적 기업의 자립을 위해 정부는 노동자의 임금을 일정 기간 지원해준다. 지원 기간 안에 자립을 하지 못한다면 구조조정에 들어갈 수밖에 없다. 콩세알 역시 사업 초기, 구조조정의 위기를 맞았다.

> "이 문제를 해결하기 위해 선택한 방법은 대화였습니다. 일 년 동안 매주 목요일 전 직원이 회의를 했습니다. 각 사업별로 매출이 떨어진 이유를 분석했습니다. 함께 분석하고 평가하며 대안을 모색했습니다. 그렇게 보직과 이직, 사업구조와 조직을 새롭게 구성했습니다. 구조조정은 공동의 합의로 진행되었습니다."

생존이 달린 문제 앞에서 인간은 이기적일 수밖에 없다. 가여운 현실이다. 예민한 주제 앞에서 날을 세우고 대화할 수밖에 없다. 그럼에도 서 목사와 콩세알 구성원들은 1년이란 시간 동안 대화를 했다. 서 목사는 소수의 경영자가 판단하고 통보하는 기업 문화를 거절한 것이다. 경영자와 노동자는 역할이지 계급이 아니라고 생각했다. 짧지 않은 시간이지만, 그렇게 길을 모색했다.

아름다운 마무리와 새로운 시작을 위한 매듭을 지어갔다.

기독교가 고백하는 하나님은 '대화의 하나님'이다. 일방적이지 않다. 고대의 가부장적 문화에서 쓰인 성서의 역사적 배경을 이해하고 다시 읽어가야 한다. 예수의 하나님 나라 관점에서 성서를 읽어간다면 우리는 새로운 하나님을 만나게 된다. 그 하나님은 자신의 권위를 내려놓고, 우리를 설득하시는 분이다. 무력할 정도로 기다리신다. 미련해 보일 정도다. 그런데 바로 그 하나님이야말로 아름답고 영광스러운 분이다.

당연히 기독교인은 대화의 하나님을 받들어, 대화의 삶을 지향해야 한다. 대화는 서로의 이야기가 서로에게 스며드는 소통의 과정이다. 이런 대화는 생명을 살린다. 용서와 화해를 일으키고 평화의 마중물이 된다. 우리는 이런 대화의 짜릿함을 몇 번이나 경험했던가?

예수를 따르는 경영자

"왜 우리는 취약계층과 함께하며 일반 기업과 다른 구조로 운영되는가? 저는 경영적 차원의 문제가 발생할 때마다 예수께서 가르쳐주신 데나리온 비유를 떠올립니다. 늦게 온 자나, 먼저 온 자나 차별 없이 사랑하시는 하나님의 사랑. 그 사랑을 기억하고 실천하며 세상을 좀 더 아름답게 만드는 이들이 기독교인이며 사회적 기업가의 정체성이라 생각합니다."

예수의 하나님 나라 안에서 제일 중요한 가치는 '생명'이다. 살라는 명령을 받고 지구별로 소환된 모든 생명. 우주의 생명은 비단 인간만을 뜻하지 않는다. 창조주가 허락한 모든 생명체들이 존중받으며 살아야 한다. 그러나 자기중심성에 빠진 세계는 내가 더 많이 소유할수록 누군가는 가난해질 수밖에 없다는 사실을 망각한 채 끝없이 욕망한다.

이상을 실현해간다는 것은 현실과의 끝없는 마찰이다. 그럼에도 불구하고 조금씩 변화를 일궈내는 것. 이것은 삶의 중력을 거스르는 일이기에 항시 어려움이 찾아오며 인내가 요청된다. 인내의 비결은 어디에 있는가? 고난의 이유를 아는 것이다. 서 목사의 고백처럼 예수를 따르는 자들은 누구인지, 사회적 기업가와 사회적 기업에 대한 정체성을 물을 때 인내의 이유를 찾는다.

모든 인간은 초월을 향한 의지를 지니고 있다. 더 나은 세상, 더 나은 인간이 되기 위해 끝없이 무엇을 갈망한다. 그러나 의지만으론 불가능하다. 하늘의 은총이 필요하다. 또한 독사의 지혜와 비둘기의 순결함이 함께 가야 하는 일이다. 지나친 지혜는 간사함을, 지나친 순결함은 맹목을 일으킨다. 왕도(王道)는 없다. 자기성찰이란 정신의 마찰음을 감내하며 조화와 균형의 추를 맞추기 위해 부단히 노력하는 수밖에.

한곳에서 뿌리내리며 한 방향을 향해 꾸준히 나아가는 서 목사의 삶의 발자국이 콩세알이란 사회적 기업과 일벗교회 안에 소리 없이 스며있다. 콩세알이 지닌 생명과 평화, 창조세계와의 공생, 자비와 나눔의 가치가 시간이 흐를수록 농촌 사회를 살리고 한국교회의 희망적 대안이 되길 두 손 모아 기도해본다.

그리스도인에게 돈이란

현대의 그리스도인들은 자본주의 시스템 안에서 돈을 벌고 있다. 그런데 자본주의 시스템은 교화가 필요하다. 형태와 구조에 대한 논리보다 동기와 정신의 교화를 뜻한다. 많은 기업들이 좋은 인간과 관계로 이미지 마케팅을 한다. 그러나 내부 운영 논리는 상반된다. 생명과 공동체, 상생의 가면을 쓰고 여전히 공익보다 소수의 기득권만을 위한 경영을 하고 있다. 그리스도인들은 이런 돈의 구조와 사회 현실을 인식하며 돈에 대한 가치 정립을 시도해야 한다.

그리스도인에게 일이란

예수의 노동은 생명살림이었다. 하나님께서 일하시니 나도 일한다는 예수의 말씀처럼 그리스도인에게 일이란 생명살림의 수단이다. 노동은 생존을 위한 수단을 넘어 사명이다. 하나님 나라를 일궈가는 총체적인 행위들 모두 신성한 노동이다.

그리스도인에게 교회란

오늘날 한국교회가 회복해야 할 가치는 친밀한 공동체성이다. 공동체성은 경쟁을 중요한 가치로 여기는 신자유주의 세계관 속에서 확립하기 어려운 가치관이다. 그래서 생명에 대한 영성이 필요하다. 하지만 교회도 어느 순간 경쟁과 욕망의 가치로 운영되고 있다. 결과적으로 교회 속 관계는 피상적일 수밖에 없다. 만남이 수단화된다. 이런 문제를 해결하기 위해서는 자연 만물 안에 담긴 생명의 신비를 바라보고, 경외감을 느낄 수 있는 영성을 추구해야 한다. 이러한 영성을 기반으로 한 공동체성이 회복될 때 한국교회도 회복되리라 생각한다.

잘못된 책은 바꾸어 드립니다.
이 책은 저작권법에 따라 보호받는 저작물이므로 무단전재와 무단복제를 금합니다.

돈 일 교회

1판 1쇄	2019년 7월 22일
지은이	김문선
펴낸이	김문선
펴낸곳	이야기books
등록	2018년 2월 9일 제2018-000010호
주소	경기도 안산시 상록구 부루지1길40 지층
전화	070-8876-0031
팩스	0504-254-2932
전화우편	story-books@naver.com
페이스북	facebook.com/storybooks01

© 김문선, 2019
ISBN 979-11-963381-0-7 03000

이 도서의 국립중앙도서관 출판예정도서목록(CIP)은 서지정보유통지원시스템 홈페이지(http://seoji.nl.go.kr)와 국가자료종합목록 구축시스템(http://kolis-net.nl.go.kr)에서 이용하실 수 있습니다. (CIP제어번호 : CIP2019027003)